Research on China's Educational Equity from
the Perspective of Public Education Finance

周远翔 著

公共教育财政视角下
中国教育公平问题研究

中国财经出版传媒集团
经济科学出版社
Economic Science Press

图书在版编目（CIP）数据

公共教育财政视角下中国教育公平问题研究/周远翔著.
—北京：经济科学出版社，2021.12
ISBN 978 - 7 - 5218 - 3072 - 9

Ⅰ. ①公⋯　Ⅱ. ①周⋯　Ⅲ. ①教育财政 - 关系 - 教育 -
公平原则 - 研究 - 中国　Ⅳ. ①G52

中国版本图书馆 CIP 数据核字（2021）第 233098 号

责任编辑：初少磊　杨　梅
责任校对：王肖楠
责任印制：范　艳

公共教育财政视角下中国教育公平问题研究
周远翔　著
经济科学出版社出版、发行　新华书店经销
社址：北京市海淀区阜成路甲 28 号　邮编：100142
总编部电话：010 - 88191217　发行部电话：010 - 88191540
网址：www. esp. com. cn
电子邮箱：esp@ esp. com. cn
天猫网店：经济科学出版社旗舰店
网址：http://jjkxcbs. tmall. com
北京季蜂印刷有限公司印装
710 × 1000　16 开　11. 75 印张　170000 字
2022 年 3 月第 1 版　2022 年 3 月第 1 次印刷
ISBN 978 - 7 - 5218 - 3072 - 9　定价：46. 00 元
（图书出现印装问题，本社负责调换。电话：010 - 88191510）
（版权所有　翻印必究　举报电话：010 - 88191586
电子邮箱：dbts@ esp. com. cn）

前　言

　　教育是民生的重要组成部分，《2019 年国务院政府工作报告》中将"发展更加公平更有质量的教育"作为坚定不移的工作目标。党的十九大报告也指出，建设教育强国是中华民族伟大复兴的基础工程，必须把教育事业放在优先位置，加快教育现代化，办好人民满意的教育。要全面贯彻党的教育方针，落实立德树人根本任务，发展素质教育，推进教育公平，培养德智体美全面发展的社会主义建设者和接班人。改革开放 40 多年以来，我国教育事业取得了巨大的发展成果。然而，教育不公平问题却一直与之相伴，成为教育事业继续发展的关键阻碍，如何实现教育公平是政府和公众关心的热点话题，也是众多学者研究的重点课题。

　　显然，教育事业未来的优质且可持续的发展离不开教育公平的实现，而公共教育财政作为一种准公共产品，不仅是教育事业发展必不可少的重要支撑，也在教育公平实现过程中扮演着十分重要的角色。因而，本书将以公共教育财政为研究核心，对我国教育公平问题进行详细讨论。就当下现状来看，我国的教育公平程度仍须提升，公共教育财政投入力度不够充分、分配也不尽合理。在这样的背景下，探讨公共教育财政在教育公平中发挥的关键作用，将为我国实现教育公平、加快推进教育现代化、建设教育强国提供一定的参考和借鉴。

　　在充分的背景梳理与研究综述基础上，本书以两大阶段和四点问题为总体思路开展具体研究，尝试对我国公共教育财政自身的分配公平性问题开展细致分析，并以此为基础，更进一步地分别开展教育入学机会差异和学生成绩差异形成的异质性和机制路径探讨。全书的主要工作和研究结论如下。

　　第一阶段开展的是公共教育财政自身的分配公平性问题研究，包含两个具体研究问题，分别从静态和动态角度讨论我国公共教育财政的分配差异和空间收敛情况。

　　首先，公共教育财政的静态分配差异性研究。本部分基于中国县级教育财政投入数据，测度了全国和地区公共教育财政分配差异情况，并进一步开展了经费来源分解、区域特征分解和群组特征分解相关研究，最终，从多方面给出我国公共教育财政的分配差异所在。研究得出：（1）公共教育财政经费投入在县级层面分配差异较小，经费分配总体均衡。（2）从经费来源看，教育事业费投入差距的缩小是提升总经费分配均衡水平的唯一指标，而科研经费等其他分项的分配差异是总差异形成的主要来源。（3）不同地区的公共教育财政分配具有差异，但大多地区处于中等层次的均衡水平，聚集特征十分明显。在以东中西的群组划分条件下，不同群组的经费分配同样具有差异，其中，东部和中部地区分配差异变化不大，而西部地区差异正逐步缩小。（4）基于区域差异分解结果，总差异主要来源于组间差异的贡献，且起到促减作用。（5）群组分解结果显示，虽然总差异几乎均等地来源于三个分解项，但通过具体数值比较，仍然可以得出与地区分解类似的结果，即总差异程度的降低依靠的是群组组间差异的缩小。从群组类型上来看，东部地区的分配差异是导致全国总差异的原因，中部和西部地区分配均衡对总体均衡程度的提升有帮助。

　　其次，公共教育财政的动态空间收敛性研究。本部分基于中国省级面板数据，结合收敛理论和新经济地理学理论，构建了公共教育财政空间动态收敛模型，并以学前教育、普通小学、普通初中和普通高中组成的基础教育阶段为重点研究对象，开展公共教育财政的空间动态收敛性判别。研究得出：（1）基于 σ - 收敛模型和绝对 β - 收敛模型的估计结果，基础教育总体和不同教育阶段的公共教育财政不存在收敛性特征，但从走势来看，存在未来收敛的可能；（2）以条件 β - 收敛模型为基础，考虑到区域间的动态互动，本部分首先证实了基础教育公共教育财政空间相关性的存在，更进一步地，我们得出空间溢出效应将随着教育层级的提高而不断增强。另外，地方政府的空间互动将会显著提高该地区的基础教育财政投入的条件 β-收敛水平，其中，义务教育阶段收敛状况最优，而学前教育公共财政投入是未来需要关注的重点方面。

最后，稳健性检验证实了结果的可靠。

第二阶段基于公共教育财政更进一步地探讨了我国教育公平的两个具体问题。

首先，公共教育财政与入学机会差异问题研究。在理论模型构建基础上，本部分将公共教育财政和相关教育政策相结合，利用中国家庭微观调查基线数据，对高等教育的机会不平等问题进行了深入探究。研究得出：（1）高校扩招政策的实施将减少群体内阶层差异对家庭入学决策的影响。其中，城乡属性、性别特征和资源占有差异是影响教育机会不平等的关键方面。在扩招政策下，城乡差异并未缩小，但对性别差异和资源占有差异的降低起到一定的帮助。另外，从分样本回归结果中可以得出，扩招政策对农村、女性和非独生个体具有偏向性影响。（2）国家公共教育财政投入将增加个体的入学机会。公共教育财政每提高 1 个单位，个体入学机会获得增加 5.44%。另外，公共教育财政对城乡、性别和资源占有三个层面的教育机会获得差异都起到了降低的作用（分别降低 0.28%、0.49% 和 0.08%），此点在城乡和性别层面上表现得尤为明显。

其次，公共教育财政与学生成绩差异问题研究。本部分将公共教育财政和课外补习这一热点话题相结合，利用中国教育追踪调查微观数据考察了学生成绩差异形成的机制和路径。研究得出：（1）课外补习可能加剧了个体成绩差异，且对不同类型课程产生的作用程度不同；（2）基于中介效应模型的检验结果，我们得出课外补习的中介作用主要体现在数学成绩和英语成绩的检验中，个体异质性差异将通过获取额外的校外优质教育资源而产生对学生成绩平等不利的影响，而家庭层面的异质性差异是其中最为关键的因素；（3）基于中介—调节效应模型的检验结果，我们更进一步得出，异质性因素通过课外补习的中介作用，进而影响学生成绩的公共教育财政调节效应具有不同维度和路径上的作用差异；（4）公共教育财政对不同层面的各类异质性因素调节程度和方向显著不同，对家庭层面因素的调节作用相对较大，具体来看，公共教育财政降低了家庭经济水平、父代职业等级和家庭文化资本差异带来的学生成绩差异。

　　本书根据上述结论提出四点政策性建议：首先，需深刻理解公共教育财政在教育公平实现中的重要作用，制定符合我国教育事业发展的财政均衡分配评判标准；其次，需继续加大公共教育财政投入力度，加强教育发展的区域联动，推进基础教育巩固提高；再次，进一步关注教育入学机会不平等对教育公平实现的影响，更进一步关注和缩小教育机会不平等的城乡差异和性别差异，保障不同类型和阶层的微观个体享受到同等教育资源；最后，加强规范校外培训，公共教育资源需适当向弱势群体倾斜，并改善学校教育质量，缩小学生成绩差异程度。

CONTENTS 目录

第 1 章

绪 论

　　2019 年 2 月，中共中央、国务院印发了《中国教育现代化 2035》。文件在"建设教育强国、办好人民满意的教育、着力提高教育质量、促进教育公平、优化教育结构"等推进教育现代化的指导思想下，聚焦教育发展的突出问题和薄弱环节，立足当前，着眼长远，重点部署了面向教育现代化的十大战略任务，为未来 15 年的教育事业发展规划了清晰的宏伟蓝图。其中，战略任务之一强调"实现基本公共教育服务均等化"，包括提升义务教育均等化水平、建立学校标准化建设长效机制、推进城乡义务教育均衡发展、推进县域义务教育发展由基本均衡到优质均衡等具体措施。由此可见，教育不平等是我国教育现代化强国建设过程中需要突破的关键阻碍，实现教育公平将为教育事业未来发展带来更加光明的前景。

　　教育公平的实现离不开教育经费的强力保障。就我国现状来看，政府的公共教育财政是当下教育事业发展的关键基础。教育部在《教育部2019 年工作要点》中明确强调，要"加大投入力度，夯实教育发展基础"，包括了"健全教育财政投入保障机制""优化教育经费投入使用结构""完善非义务教育培养成本分担机制"等一系列目标任务。目前，公共教育财政投入的动力十足，但均衡分配的问题却一直存在，这将可能导致教育发展出现区域、城乡、校际等层面的不平等现象，加剧教育不公。更进一步地，非均衡的公共教育财政分配也可能加大微观个体的教育机会不平等程度，带来差异性的个体教育结果，进而导致教育分层，阶层固化程度继续加深。

| 1.1 研究背景 |

1.1.1 社会经济发展背景

改革开放 40 多年来，社会经济等方面的发展成果显而易见，党和政府通过体制变革和机制创新实现了国家几十年来的高速发展。图 1-1 展现了改革开放 40 年来，我国现价国内生产总值（gross domestic product，GDP）长期增长趋势。显然，长久以来经济一直处于指数增长态势，根据《2018 年国民经济和社会发展统计公报》的初步核算数据显示，2018 年 GDP 达 900309 亿元，比上年增长 6.6%；若以 1978 年为基期的可比价计算，GDP 由 1978 年的 3678.70 亿元增长至今，约达 40 倍。

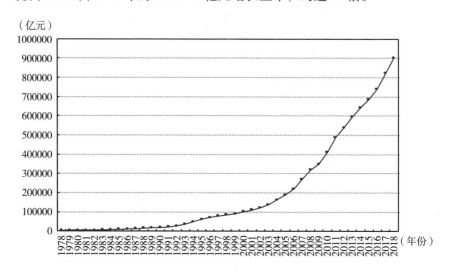

图 1-1 1978~2018 年国内生产总值增长趋势

资料来源：国家统计局，《2018 年国民经济和社会发展统计公报》。

2013 年 11 月，党的十八届三中全会通过了《中共中央关于全面深化改革若干重大问题的决定》，提出"全面深化改革的总目标是完善和发展中国特色社会主义制度，推进国家治理体系和治理能力现代化"，并对经济体制改革、政治体制改革、文化体制改革、社会体制改革、生态文明体制改革和党的建设制度改革进行了全面部署。由此，"全面深化改革"与"全面建成小康社会""全面推进依法治国""全面推进从严治党"形成了"四个全面"的总体布局，共同为国家未来发展和在 2050 年建成社会主义现代化强国提供战略保障。在"两个一百年"目标的交汇期，党的十九大报告指出"中国特色社会主义进入新时代"，提出了分两步走全面建设社会主义现代化国家的战略构想。

虽然我国社会经济在快速发展，但从整体上来看，仍然伴有发展不平衡不充分的现实问题。不平等问题体现在多个方面，收入和财富的分配差距是政府和公众关注的重要内容。尽管近年来收入分配差距问题得到党和国家的高度重视，收入分配制度改革也在不断推进，一系列缩小收入差距的具体政策稳步开展，收入分配调节力度持续加大，收入分配关系在一定程度上得到改善，然而，由于尚未形成科学合理的收入分配格局，现实的收入分配差距仍然较大，收入两极化状态明显。一般来看，收入分配差距可通过基尼系数加以判断。2013 年国家统计局首次公布了我国 2003～2012 年的基尼系数大小。数据显示，2003 年我国居民收入差距为 0.479，2012 年为 0.474，而 2015～2017 年公布的基尼系数分别为 0.462、0.465 和 0.467。按照国际一般标准，基尼系数大于 0.4 即为收入差距较大，由此可知，我国较高的收入分配差距长期存在，同时近年来还略有提升，这将成为制约我国经济由高速增长阶段转向高质量发展阶段的重要阻碍之一。

一般来看，收入差距来源于多个方面，相比较而言，教育是影响收入差距的关键因素之一。教育通过提高个体的生产和配置能力，对经济的增长作出一定的重要贡献，从而直接参与到收入分配过程中，最终影响收入分配差距。教育不平等带来收入差距扩大的既成事实，后者可能对社会经济发展造成更多的负面效应。事实上，发展不平衡的问题一直存在，带来的直接影响便是加剧了社会流动性的进一步下降，阶层固化日益明显，也成为导致社会不稳定的重要因素，最终将阻碍国家重大发展战略目标的顺利实现。在这样的背景下，本书选择探讨教育领域的不平衡问题，将为总体上解决发展不平衡提供一定的帮助和借鉴。

1.1.2　教育事业发展背景

教育的公平与否关乎国家当下和未来发展能否持续进行，党和国家也一直重视和不断发展教育事业，同时也更加关注教育公平的实现。

总体上来看，我国不同阶段和类型的教育发展都有着长足进步，我国教育事业总体水平已进入世界中上行列，教育公平程度也持续提升。目前，我国基础教育总量巨大，办好基础教育是实现科教兴国、人力资本强国和长期可持续发展战略的关键和基本要求。同时，学前教育、高中阶段教育、高等教育、职业教育、特殊教育等教育阶段都在稳步推进发展。教育事业发展的背后离不开公共教育财政的支持。《中国教育现代化2035》中指出，要完善教育现代化投入支撑体制，健全保证财政教育投入持续稳定增长的长效机制，确保"两个只增不减"和保证"一个比例"。2017年，全国教育经费总投入为42557亿元，比上年增加9.43%，国家财政性教育经费投入达34204亿元，比上年增加8.94%，同时占GDP比例为4.17%，[①] 已连续5年实现国家财政性教育经费支出占GDP比例不低于4%的目标，这为教育事业继续发展，建成教育现代化强国提供了坚实基础。

综上所述，各级各类学校的教育事业发展情况不断改善，学前教育逐渐成为被关注的关键阶段，九年义务教育阶段的实现任务继续深化，高等教育也在不断推进发展。

1. 我国教育事业发展现状

（1）基础教育发展成就巨大。纵观我国基础教育发展历史，我们可

① 《2017年全国教育经费统计快报》。

以总结出如下两大特征。

　　第一，基础教育规模总量巨大并在波动中发展，同时各级各类教育规模具有差异。我国基础教育总量巨大，办好基础教育是实现科教兴国、人力资本强国和长期可持续发展战略的关键和基本要求。基础教育发展是一个长期过程，整体来看（见图 1-2）具有规模基数大且不断波动的特征，以在校学生数作为规模代表指标，1978～1988 年呈现下降态势，随后 10 年大幅提升，从 1988 年的 18703 万人增长到 1998 年的 22744 万人，增幅达 21.6%，总的基础教育规模水平基本稳定在 21000 万人左右，近年来规模扩大态势明显。

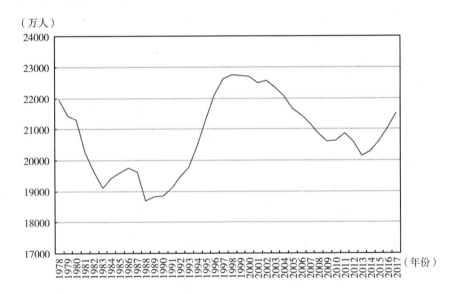

图 1-2　1978～2017 年中国基础教育总规模

资料来源：《中国统计年鉴（2018）》。

　　从图 1-3 展现的各级各类教育规模来看，包含普通小学和普通初中的义务教育阶段始终是基础教育规模构成的主力军，其中普通小学总体规模最大，普通初中次之，二者在高位波动中小幅下降，学前教育及普通高中阶段整体规模显著提升，尤其是学前教育在考察时段内增长约达 5.84 倍，其中 2017 年的规模超过 4600 万人，并超过普通初中在校生规模水平，同时仍保持不断发展趋势，普通高中规模平均稳定在 2000 万人水平。规模总量情况和结构差异表明,改革开放以来,义务教育在规模总量上的趋近饱和,说明全国范围内的义务教育普及程度更加深入,从1986年《中华人民共和国义务教育法》颁布实施,到2000年中国初步"两基"实现战略目标,再到2011年全面完成"两基"战略任务并保持稳定,以义务教育为主导的基础教育发展存在显著成效,《2018年国民经济和社会发展统计公告》初步核算数据显示,九年义务教育巩固率达94.2%,比2017年增长0.4个百分点。同时,学前教育的后起发展也为人力资本的初期形成提供了一定的保障,普通高中规模的相对稳定也对高等教育的人才注入形成了可持续的支撑。

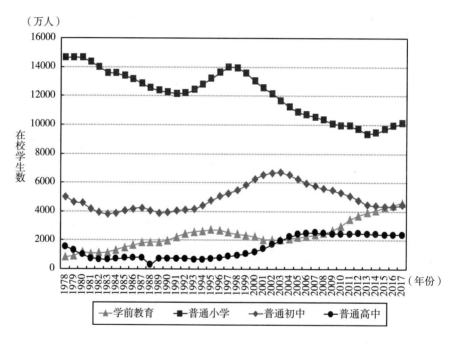

图1-3 1978~2017年基础教育各级各类学校规模情况

资料来源:《中国统计年鉴(2018)》。

第二,基础教育各阶段的入学率、升学率显著提升。教育部《2017年全国教育事业发展统计公报》数据显示,基础教育中各类学校入学(园)率均超过中高收入国家平均水平,其中义务教育普及率超过高收入国家平均水平,教育总体发展水平进入世界中上行列。至2017年,全国学前教育毛入园率79.6%，比上年提高2.4个百分点，入园难问题得到进一步缓解。每十万人口中学前教育人数为3327人，比上年增加116人。学龄儿童净入学率一直处于95%以上，在2017年保持99.9%，其中，男童净入学率为99.91%，女童净入学率为99.93%，全国已经基本消除男女童入学率性别差异。普通初中入学率和普通高中入学率整体呈上升趋势。其中，普通小学入升率由1978年的87.7%提升到2017年的98.8%，增长约11个百分点，普通初中升学率由1978年的40.9%提升到2017年的94.9%，增幅达132.03%。从图1-4中可以看出，适龄人口基本实现了普通小学教育阶段的全覆盖，普通初中阶段覆盖程度接近100%，由此说明针对全部适龄人口，义务教育已基本普及到位，加之普通高中入学率的快速增长，显然，改革开放以来我国基础教育的整体发展值得肯定。

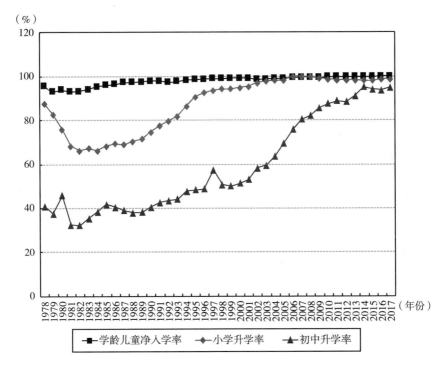

图 1-4　1978~2017 年各教育阶段入学率情况

资料来源：《中国统计年鉴（2018）》。

（2）高等教育发展稳步推进。改革开放40多年以来，我国高等教育发展成果举世瞩目。高等教育作为人力资本积累和深化的关键阶段，政府对其进行的每一步改革不仅深刻影响着微观个体的未来发展，更关乎国家宏观可持续发展大计，其中存在的两种特征值得我们关注。

第一，高等教育发展阶段性特征明显。图1-5给出了以专任教师数量和学校数量为代表的高等教育发展情况，可以看出，高等教育发展存在独特的时间折点，国务院出台的《面向21世纪教育振兴行动计划》是高等教育扩招的标志，也是高等教育大众化进程的关键起点。以1999年高校扩招政策的实施为关键转折，专任教师数量和高校数量在政策实施后显著增加，前者在40年的考察期内数量增长约8倍，后者也增加近440%，可见，国家教育政策对高等教育起了巨大的推动作用。

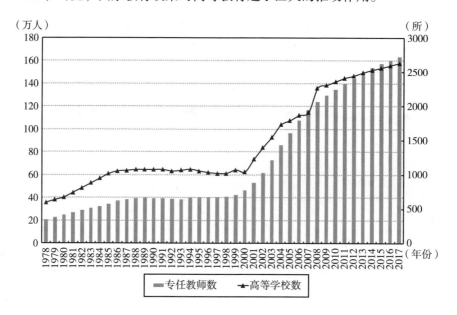

图1-5 1978~2017年高等教育阶段相关情况

资料来源：《中国统计年鉴（2018）》。

第二，经历了40年的发展，高等教育不仅为大量群体提供了继续深造的上升通道，同时对高水平人力资本培养也起到了重要推动作用。从2018年8月教育部等三部门联合印发的《关于高等学校加快"双一流"

建设的指导意见》中提出的"适度扩大博士研究生规模，加快发展博士专业学位研究生教育"可以看出，教育扩张在一定程度上已面向更高层面和水平。如图 1 - 6 所示，全国研究生招生总数由 1978 年的 10780 人增长到 2017 年的 806103 人，增长约达 75 倍，出国留学人数也增加约 700 倍。另外，相对来看，自 1977 年国家恢复高考制度以来，普通高等教育（包含普通本科和普通专科）在校学生数、招生人数和毕业生数虽略有增长，但增幅十分有限。扩招政策颁布后，三指标增长明显，尤其是在校学生数形成了爬坡式提升，由 1999 年的 413.42 万人增长到 2017 年的 2753.6 万人，增长约达 6.66 倍，而该指标在改革开放初期仅为 20.6 万人。高等教育发展的结构优化过程还在持续进行，一方面为我国普通高等教育人才培育打下了基础；另一方面也为我国高等级人才培养形成了良好环境。

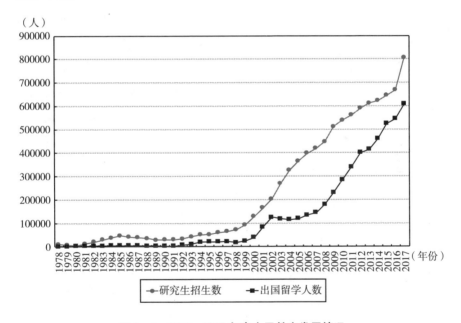

图 1 - 6　1978 ~ 2017 年高水平教育发展情况

资料来源：《中国统计年鉴（2018）》。

（3）职业教育发展蒸蒸日上。职业教育是国家教育事业的重要组成部分，是促进经济、社会发展和劳动就业的重要途径。《国家中长期教育改革和发展规划纲要（2010—2020年)》中指出，发展职业教育是推动经济发展、促进就业、改善民生、解决'三农'问题的重要途径，是缓解劳动力供求关系的关键环节，必须摆在更加突出的位置。改革开放40多年以来，我国职业教育的发展重心逐渐由外延式发展向内涵式建设转变，走出了一条具有中国特色的社会主义教育发展道路（闫广芬和石慧，2019）。

整体上，我国职业教育发展经历了四个主要阶段：首先，职业教育在改革开放前10年主要处于初步探索发展阶段，为配合总体教育结构调整和改革而存在，至1990年，以中等职业教育在校生数量为代表的人数增至763.5万人，比1978年增长3.59倍，① 发展相对平稳。其次，1990～1998年是职业教育发展大转变时期，其在该阶段的主要发展目标发生了质的变化，渐进转向为经济增长服务的发展模式，这一时期的职业教育政策与现实社会的联系更为紧密，更加注重为社会经济建设服务，政府出台的相关政策文件显著增加，标志性的政策文件即为1996年9月施行的《中华人民共和国职业教育法》。再次，在我国经济体制改革更加深入的背景下，1999～2008年是职业教育发展的另一重要时期，期初的高校扩招政策为职业教育，尤其是高等职业教育提供了优良的发展基础和空间，在很大程度上缓解了当时的就业压力，2005年10月国务院颁布了《关于大力发展职业教育的决定》，对职业教育的发展目标、机制建设、办学模式和办学定位等进行了规划和设计，这也极大地解决了当时职业教育发展过程中产生一系列问题，并起到了更进一步的推动作用。最后，2009年至今，该时期以全球经济危机为背景起点，深化改革成了此阶段国家对职业教育发展要求的关键方向，发展规模不再成为关注重点。据政府相关资料统计显示，不论是开展职业教育学校数量还是职业教育在校生人数，在10年间都存在一定的下降，显然，职业教育正在开展内涵建设，现代职业教育体系逐渐形成。

---

① 《中国统计年鉴（2018）》。

2. 各类政策保障教育发展

追溯历史，各阶段教育的重大发展都离不开国家政策的明确导向和强力推动。改革开放 40 多年来，各级各类教育发展始终以发展中遇到的实际问题为驱动，不断进行体制机制和政策制度的改革创新，消除制约因素。从总体教育发展战略方针来看，可以分成两大类：第一，教育领域关键政策为各级各类教育发展规划清晰的发展目标、制定详细的实现任务；第二，公共财政政策，尤其是公共教育财政政策的不断改革和优化，为教育发展提供了必要的财力保障，形成了稳定的发展基奠。

（1）教育政策：明确教育发展目标。教育发展一直受到教育政策的指引，大致可归纳为五个主要阶段。

第一阶段（1978～1992 年）。以党的十一届三中全会胜利召开为开端，当时的教育问题主要在于基础教育薄弱，学校数量不足且质量不高，合格的师资和必要的设备严重缺乏，经济建设大量急需的职业和技术教育没有得到应有的发展，高等教育内部的科系、层次比例失调。这些问题在改革开放后的第一次全国性教育工作会议中被提出，作为重要的问题亟待解决。会议于 1985 年 5 月发布了《中共中央关于教育体制改革的决定》（以下简称《决定》），其指出改变现状必须从教育体制入手，有系统地进行改革，由此各级各类教育在国家全面改革新时期迎来了巨大的发展契机。《决定》对基础教育"由地方负责、分级管理"原则的明确，为基础教育持久稳定发展提供保障，同时也首次提出了实行九年制义务教育的历史性任务，这成了发展我国教育事业的基础一环。然而，由于区域、城乡发展水平的差异以及地方政府在政策实施过程中的随意性，不平衡等问题凸显，为缓解该问题给基础教育发展带来的负效应，政府于 1986 年 4 月颁布了《中华人民共和国义务教育法》，进一步明确相关管理体制、实施步骤等内容，至此形成了基础教育发展的基本形态和未来方向。与此同时，对中等教育进行结构调整，大力发展职业技术教育也成了重点发展方向。另外，针对高等教育，提出要扩大高等教育办学自主权，改革高校招生的计划制度和毕业生分配制度等，随后颁布了一系列配套政策保障发展，如 1989 年国家教委制定的《普通高等学校招生全国统一考试标准化实施规划》《关于试行普通高中毕业会考制度的意见》，1989 年 3 月国家教委颁布的《关于改革高等学校毕业生分配制度的报告》，等等。

第二阶段（1993～1998 年）。在党的十四大胜利召开的背景下，该阶段伊始，中共中央、国务院颁布了《中国教育改革和发展纲要》，从当前形势、体制改革、队伍建设、战略方针、提高质量和教育经费六个方面绘制了直到 21 世纪初的教育发展和改革的蓝图，明确提出了"深化教育改革，坚持协调发展，增加教育投入，提高教师素质，提高教育质量，注重办学效益，实行分区规划，加强社会参与"的发展战略，确立了教育优先发展的地位。在 1994 年 6 月的第二次全国性教育工作会议中，又强调了基础教育发展的"基本普及九年义务教育和基本扫除青壮年文盲"的"两基"任务要求，在政策催动下，我国基础教育规模显著提高，义务教育作为其中的关键阶段得到了充分的发展，素质教育被提到了政策层面。紧接着出台的《中华人民共和国教师法》以及《中华人民共和国教育法》等政策文件也对基础教育发展提供了法律保障。另外，国家财政性教育经费占 GDP 的 4% 目标也被提出。此阶段的主要特征在于以扩大基础教育的范围覆盖为核心，虽然基础教育此后高速发展，但也放大了一些存在的问题。同时，会议强调各级政府要高度重视，统筹规划，贯彻积极发展的方针，充分调动各部门、企事业单位和社会各界的积极性，形成全社会兴办多种形式、多层次职业技术教育的局面。并且对高等教育提出要坚持走内涵发展为主的道路，努力提高办学效益的具体要求，"211 工程"也在该阶段被提出。

第三阶段（1999～2009 年）。该阶段在发展基础教育过程中发现了新的问题，并首次将素质教育的口号形成政策文件，在 1999 年第三次全国性教育工作会议中发布了《中共中央 国务院关于深化教育改革全面推进素质教育的决定》，标志着素质教育成为我国整个教育工作的主题，已进入全面实施阶段，同时这一时期也是我国高等教育发展的黄金时期，

1998 年 12 月《面向 21 世纪教育振兴行动计划》的出台，标志着高等教育扩招政策正式确立，1999 年 2 月教育部制定的《关于进一步深化普通高等学校招生考试制度改革的意见》也意味着高考制度开始了阶段性改革，至此基础教育发展核心由单纯的规模导向转向质量导向，高等教育扩招也为人才的累积和培养形成了良好的政策环境。同时，宏观区域层面和微观个体层面的发展不平衡问题更加被关注，2001 年国务院颁布《关于基础教育改革与发展的决定》，其中为基础教育发展布局调整形成政策支持，基础教育改革更加深入，优化结构、提高质量、均衡发展成为关键目标。该阶段还对民办教育开始重视，2002 年出台了《民办教育促进法》，同年的"两基"目标初步实现。2005 年的《国务院关于大力发展职业教育的决定》颁布也实现我国职业教育体制改革战略性转变。值得注意的是，2007 年全国小学净入学率从 2000 年的 99.1% 提高到 99.5%，初中毛入学率从 2000 年的 88.6% 提高到 98%，"两基"攻坚也胜利完成。[①]

　　第四阶段（2010~2017 年）。在党的十七大"优先发展教育，建设人力资源强国"的战略部署背景下，第四次全国性教育工作会议召开，会议颁布的《国家中长期教育改革和发展规划纲要（2010—2020 年）》（以下简称《纲要》）为未来 10 年我国教育发展明确了清晰的思路。《纲要》对各级各类教育都作出了详细的目标制定（见表 1-1），如提出基本普及学前教育、巩固提高义务教育水平、加快普及高中阶段教育、推进素质教育改革试点、加强基础教育课程教材建设、大力发展职业教育和支持民办教育、全面提高高等教育质量和人才培养质量等更为细致的目标要求。同时，更加关注教育公平，尤其是基础教育公平的实现，指出要推进义务教育均衡发展、缩小校际、城乡和区域发展差异以及建立义务教育均衡发展改革试点、建立城乡一体化义务教育发展机制等。

---

① 《国家中长期教育改革和发展规划纲要（2010—2020 年）》。

表1-1 2010～2020年教育事业发展主要目标

类型	指标	2009年	2015年	2020年
学前教育	幼儿在园人数（万人）	2658	3400	4000
	学前一年毛入学率（%）	74	85	95
	学前两年毛入学率（%）	65	70	80
	学前三年毛入学率（%）	50.9	60	70
义务教育	在校生（万人）	15772	16100	16500
	巩固率（%）	90.8	93	95
高中阶段	在校生（万人）	4624	4500	4700
	毛入学率（%）	79.2	87	90
职业教育	中等职业教育在校生（万人）	2179	2250	2350
	高等职业教育在校生（万人）	1280	1390	1480
高等教育	在学总规模（万人）	2979	3350	3550
	在校生（万人）	2826	3080	3300
	毛入学率（%）	24.2	36	40

资料来源：根据《国家中长期教育改革和发展规划纲要（2010—2020年）》整理。

第五阶段（2018年以来）。2018年9月全国教育大会顺利召开，根据党的十九大提出更进一步的"优先发展教育事业、加快教育现代化、建设教育强国"的战略要求，会议上习近平对教育发展过往成绩以及未来发展方向和目标作出明确指示，发表了"9个坚持""6个下功夫"等重要讲话，从宏观发展大局角度为教育发展提供指导。李克强指出，要"坚持改革创新，坚持教育公平，推动教育从规模增长向质量提升转变，促进区域、城乡和各级各类教育均衡发展，以教育现代化支撑国家现代化"，同时要夯实义务教育根基，改善办学条件，提高教学质量，深化教育领域"放管服"改革等。全国教育大会的讲话为教育事业发展带来了新的前进动力和活力。2019年2月，中共中央、国务院印发了《中国教育现代化2035》，明确了未来15年教育现代化发展的整体思路和要求，这也为教育领域的基本实现社会主义现代化提供了科学指导和有力支撑。从历次重要会议的内容归纳中，我们可以展望，未来教育事业发展必然还将在国家宏观把握和政策推动持续进行。

（2）财政制度：保障教育持续发展。前瞻的教育制度顺利实现需要相应的财力支持，而想要公平且有效率地实现资金运行必然依靠科学合理的财政制度给予保障。公共教育财政制度是公共财政制度的一部分，在此，我们将基于公共财政制度演化变迁，详细梳理公共教育财政制度在我国教育发展中扮演的重要作用。

1992 年，党的十四大确立了我国建立社会主义市场经济体制的目标。在该目标背景下，1994 年的分税制改革一方面强化了中央政府的宏观调控能力，实现了中央和地方财政收入的稳步增长；另一方面分税制通过转移支付制度，对本来存在的地区财力差异起到了一定缓解，也相对弥补了地方财事权的失衡，对如教育等基本公共服务均等化发挥了关键作用（马海涛和王昊，2018）。1998 年我国财政体制改革目标正式确立，公共财政体系逐渐开始建立。2003 年《中共中央关于完善社会主义市场经济体制若干问题的决定》（以下简称《决定》）中强调，要更进一步健全和完善公共财政体制，这又为后来的"现代财政制度"建设铺设了道路。公共财政的基本目标是为满足社会公共需要，财政调控是在市场失灵后的情况下对资源进行有效配置的重要手段，政府则在其中扮演着重要角色。

作为准公共产品的教育服务，应由政府和市场共同提供，根据公共产品理论，教育的部分非排他性特征要求政府必然要在其中发挥作用，由此公共教育财政制度的建立将是教育发展的基础保障。2004 年印发的《2003—2007 年教育振兴行动计划》（以下简称《计划》）明确指出，要建立与公共财政体制相适应的教育财政制度，并将教育投入作为公共财政体制的重要内容。至此，公共教育财政制度建立目标日益明确，这也为促进教育公平乃至社会公平形成政策保障。基于公共教育财政制度构成视角，本书将从制度功能上对其进行划分，结合各级各类教育发展轨迹，对改革开放后的公共教育财政制度开展系统梳理。

第一，教育财政筹资制度。显然，该制度的作用在于为教育发展提供资金支持，根据不同类型和阶段的教育，我国的教育经费筹集主体和形式并不相同。一般而言，作为公共产品的义务教育，其主要由政府负担，而作为准公共产品的高中阶段和高等教育阶段经费依靠政府和个体共同提供。

具体来看，义务教育财政制度在摸索和实践中不断优化。1985 年的

《决定》要求义务教育实行"多条腿走路，多渠道筹资"，其中一个重要组成部分来源于1984年提出的征收农村教育费附加，该筹资渠道导致农民个体成了义务教育经费的承担主体。随着2000年《关于进行农村税费改革试点工作的通知》，以及2003年《关于全面推进农村税费改革试点工作的意见》文件的下发，农村教育费附加等针对个体征收的经费来源被全面取消，这虽然减轻了农民个体负担，但致使义务教育经费不足问题更加显现，而经费短缺侧面加重了农村个体的杂费负担水平，从这个角度来看，个体教育成本又显著提高。为解决突出矛盾，2005年12月，国务院颁布了《关于深化农村义务教育经费保障机制改革的通知》，以及2006年的《农村义务教育经费保障机制》（以下简称新《机制》）颁布，配合转移支付制度的实施，极大地缓解了农村义务教育经费筹措的紧张局面，政策要求免除农村义务教育阶段学生学杂费，并对特殊群体提供补助，加上针对城市个体的相应政策，政府全面承担了义务教育供给责任，在"以县为主"的基础上，加强突出了教育经费的省级统筹责任，最终实现了全民义务教育的目标。针对非义务教育阶段，主要实行的是多渠道筹资体制和收费制度，《决定》《纲要》《计划》等政策文件中都明确指出了非义务教育阶段的办学经费要以政府为主要渠道，并由政府、受教育者和社会共同分担。另外，中等职业教育的经费筹措还存在一些更加具体和特殊的政策要求。《纲要》对高等教育经费筹措提出了要逐步形成以中央、省（自治区、直辖市）两级政府办学为主的体制，明确了"谁举办、谁出资"的财政责任，随后对两级办学体制进行了更进一步的深化。

第二，教育财政分配拨款制度。发展教育事业需要对教育财政进行分配，公共教育财政的分配拨款制度由此产生，目前，政府是我国教育财政的拨款主体，其中，在财政体制改革后，拨款职责主要存在于财政部门。

《决定》和《中华人民共和国义务教育法》提出了义务教育实行"地方负责、分级管理"体制，在该体制下，具体实施教育经财政拨款由县乡政府开展。21世纪初颁布的《关于基础教育改革和发展的决定》和《关于进一步加强农村教育的决定》要求教育财政管理要"在国务院领导下，有地方政府负责，分级管理，以县为主"，而后新《机制》等一系列政策文件明确了县级政府的教育财政责任，同时加强了中央和省级的统筹规划，如免除学杂费资金、免费提供教科书资金以及补助寄宿生生活费资金都有具体的中央—地方分配安排。高中阶段作为基础教育阶段的一部分同样实行的是如上教育财政分配拨款制度，具体来看，该阶段拨款主要分为综合定额和专项补助两个方面。伴随高等教育的发展，其在拨款方式上发生了轻微改变，由综合定额加专项补助的拨款方式，逐渐侧重于在原有基础上加大对专项资金项目的拨款，标志性事件为国家重点建设的"211 工程""985 工程""优势学科创新平台"以及当前的"双一流"建设。因此，不论是义务教育还是非义务教育阶段，国家公共教育财政分配拨款制度变迁都充分考虑到了不同教育类型的发展特征，以此满足其发展要求。

第三，教育财政转移支付制度。财政转移支付制度促进区域发展不平等的重要手段，也为实现教育公平提供保障，如一般转移支付和专项转移支付中都包含了教育转移项目。教育财政的转移支付制度更是如此，教育作为政府转移支付针对的关键对象之一，政府的教育转移支付制度是政府解决教育经费总量不足与缩小区域间发展差异的主要政策，是政府转移制度的重要组成部分，其对实现公共教育服务均等、促进教育均衡发展都起到了关键作用。学生营养餐计划、义务教育免学费、农村义务教育薄弱学校改造等也都是在中央对地方转移支付资金的支持下强力推进的。

2000 年以后中央政府开始频繁运用财政转移支付手段为地方教育发展注入资金，政府间的教育财政转移支付力度不断增强，2001～2007 年中央共安排教育专项资金总和达 190 亿元，为地方的不同教育专项提供支持。根据预算法和《国务院关于改革和完善中央对地方转移支付制度的意见》等要求，财政部大力推进转移支付制度改革，积极完善转移支付体系，优化转移支付结构，加强转移支付分配管理，提高了转移支付的规范性、科学性和有效性，增强了转移支付在均衡地区财力、促进经济社会发展和保障改善民生方面的作用。针对不同教育类型，教育转移支付制度的框架存在区别，但基本框架大体相同，基本分成三类：一是上级政府对下级政府的资助补助（包含一般性转移和专项转移），被称为纵向转移；二是同级政府间发生的资金平行转移，一般是富裕地区向贫困地区提供资金援助，被称为横向转移；三是纵向转移和横向转移的混合模式。2000 年以前，我国在义务教育领域共实施了六大专项补助项目，分别为义务教育专款、特殊教育专款、民族教育专款、贫困地区义务教育助学金及国家贫困地区义务教育工程款、中小学危房改造专款。2005 年采用配套性专项转移的方式启动农村中小学现代远程教育试点工作。2008 年中央财政设立专项资金对教育财政财务管理工作开展好的地区实行"以奖代补"政策。2011 年启动农村义务教育学生营养改善计划。从整体来看，2005 年以前对义务教育的转移支付集中于一般转移，在此之后教育专项转移支付逐渐增多，其中包含了配套转移支付和非配套转移支付两种形式。在现有教育转移支付制度的基本框架下，对高等教育的转移补助也占据重要地位，但长期以来，我国缺乏系统中央财政针对地方高等教育的转移支付制度设计，地方高校基本由地方财政投入，高等教育转移支付框架并不完善。

另外，学费制度、学生资助制度等都是保障各级各类教育发展的重要制度构成。在各类制度下，总体性的教育经费保障方面也明确了具体任务，《纲要》指出，"要切实保证经济社会发展规划优先安排教育发展，财政资金优先保障教育投入，公共资源优先满足教育和人力资源开发需要"。根据《纲要》中的数据显示，我国已于 2012 年如期实现国家财政性教育经费支出占国内生产总值比例达到 4% 的目标，并连续 8 年保持在该水平以上。

3. 公共教育财政投入情况[①]

教育财政投入是教育事业发展的基本保障，政府的公共教育财政投入是其中的重要组成。公共教育投资的作用在于显性增加了教育供给、

---

① 本部分所述的"公共教育财政经费投入情况"指的是，教育经费在收入和支出等各方面的总体发展状况。而《中国教育经费统计年鉴》中的投入和收入为同一概念，即教育事业发展所投入的资金，且与支出指标平行，为防止概念混淆，在此进行特殊说明，在叙述中采用《中国教育经费统计年鉴》中的规范说法。

降低了微观个体获得教育的直接和间接成本，在很大程度上削弱了资源初始禀赋不平等带来的受教育不公，同时对有效阻断贫困代际流动起到关键作用。本部分主要开展的是我国公共教育财政投入总量和结构变化的描述性分析，从整体上把握当前公共教育财政投入的情况，以期提供概览性的宏观教育财政发展背景。

（1）公共教育财政经费投入。教育投入动力十足，经费投入持续增加。改革开放以来，不论是教育经费总投入还是国家公共财政性教育经费投入都在不断增长。如表 1-2 所示，2016 年，全国教育经费总投入为38888.39 亿元，比上年的 36129.19 亿元增加了 2759.20 亿元，增长了7.6%，总体来看，教育经费总投入保持了较高的增长速度。一直以来，教育都是我国财政支出重点领域，我国现有的教育经费投入体制为坚持健全政府投入为主、多渠道筹集经费。2016 年的全国教育经费总投入中，国家财政性教育经费（主要包括公共财政预算安排的教育经费、政府性基金安排的教育经费以及其他财政性教育经费）投入达 31396.25 亿元，占总投入来源的 80.73%，同比增长 7.4%。

表 1-2　　　　　　　　　1991~2016 年教育经费投入情况　　　　　　单位：亿元

年份	教育经费总投入	国家财政性教育经费	年份	教育经费总投入	国家财政性教育经费
1991	731.50	617.83	2004	7242.60	4465.86
1992	867.05	728.75	2005	8418.84	5161.08
1993	1059.94	867.76	2006	9815.31	6348.36
1994	1488.78	1174.74	2007	12148.07	8280.21
1995	1877.95	1411.52	2008	14500.74	10449.63
1996	2262.34	1671.70	2009	16502.71	12231.09
1997	2531.73	1862.54	2010	19561.85	14670.07
1998	2949.06	2032.45	2011	23869.29	18586.70
1999	3349.04	2287.18	2012	28655.31	23147.57
2000	3849.08	2562.61	2013	30364.72	24488.22
2001	4637.66	3057.01	2014	32806.46	26420.58
2002	5480.03	3491.40	2015	36129.19	29221.45
2003	6208.27	3850.62	2016	38888.39	31396.25

注：由于数据可获取性，表中仅列出 1991~2016 年两类指标的数据。
资料来源：EPS 统计数据库。

　　教育投入结构稳定，在发展中有所侧重。从可获取的数据来看，随着全国教育经费投入动力的不断增强，在经费总量保持增长的同时，各级各类教育的投入结构始终较为稳定。图1-7（a）和图1-7（b）分别展示了学前教育、义务教育、普通高中、高等教育四个不同阶段，教育经费总投入和国家财政性教育经费投入在"十一五"和"十二五"两个政策区间的变化情况。可以看出，伴随各类教育政策对基础教育发展的关注，基础教育一直是经费投入面向的重点对象，投入的持续保持增长，为基础教育发展提供了重要的保障。在基础教育不同阶段中，义务教育的投入规模最大（2016年情况），达到17468.16亿元（其中，普通初中6613.47亿元，普通小学10854.69亿元）。普通高中经费投入为3932.31亿元，学前教育经费总投入的增速达到15.5%，高于其他各级各类教育的投入水平。另外，普通高等教育在2016年的总经费投入为9973.39亿元，是仅次于普通小学经费投入的第二大投入主体。

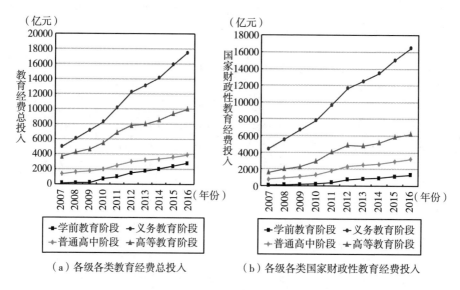

（a）各级各类教育经费总投入　　（b）各级各类国家财政性教育经费投入

图1-7　2007～2016年各级各类教育经费总投入和国家财政性教育经费投入
资料来源：历年《中国教育经费统计年鉴》。

　　由此可见，目前教育经费投入主要依靠政府，来源渠道为国家公共教育财政，且投入结构相对稳定，从投入的对象上看，针对基础教育尤其是义务教育，以及高等教育的投入尤为巨大，同时，逐渐开始对学前教育发展给予更多关注。

（2）公共教育财政经费支出。教育经费支出指的是在教育事业发展过程中被最终使用到的资金，从教育经费总支出和公共财政预算教育经费支出两个方面可以明确教育经费的使用情况，前者展现的是总体支出水平，后者则代表政府公共教育财政经费支出状况。从经费支出面向的对象划分角度，经费支出可分为"事业性经费支出[①]"和"基本建设支出"，从经费支出的使用功能角度，又可以按照"教师工资支出""学校运转支出""设备购置支出""校舍建设支出"和"学生资助支出"五大基本功能性支出进行分类。[②]

图 1-8 显示了 2007~2016 年的教育经费总支出的基本结构情况。可以看出，教育经费总支出从 2007 年的 11668.39 亿元增长到 2016 年的 37444.69 亿元，涨幅达 220.91%。其中，教育事业性经费支出始终占据重要支出地位，且占比逐年提高，2016 年达 98.42%。在事业性经费支出中，用于工资福利和对家庭、个人补助的"个人部分"占比相对较大（平均占比达 56.93%），而用于商品和服务支出以及其他资本性支出的"公用部分"占比较小（平均占比达 43.71%），且考察期内仍在下降，由此可见，教育总经费支出更加偏向使用在补偿个体层面的教育发展差异上，这为降低微观个体教育成本提供了保障基础。

在五大功能性支出分类下，对教师工资的支出是教育经费的主要功能。从图 1-9 中可以看出，随着目前政府对教师工资问题的日益重视，教师工资支出是唯一处于显著增长的支出项目，考察期内增长 3.42 倍且近年来的增速仍在提高，至 2016 年，教师工资支出已达到 21277.13 亿元。另外，学校运转支出、校舍建设支出、设备购置支出紧随其后，三

[①]　不同年份的《中国教育经费统计年鉴》中对该指标的命名各异，现存在的名称有"事业性经费支出""事业费支出""个人和公用部分支出"，但所表达的意义不变。为防止混淆，本书在此统一称"事业性经费支出"。

[②]　教师工资支出＝工资福利支出＋对个人和家庭的补助支出－助学金；学校运转支出＝商品和服务支出；设备购置支出＝专项公用支出；校舍建设支出＝专项项目支出＋基本建设支出；学生资助支出＝助学金。

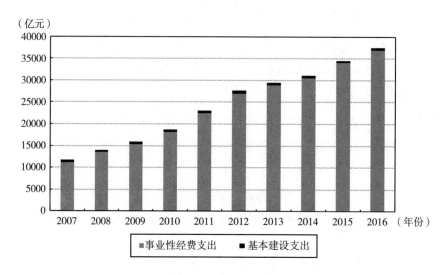

图 1 − 8　2007 ~ 2016 年教育经费总支出及分项支出情况

资料来源：历年《中国教育经费统计年鉴》。

种针对学校层面的基础支出在 2007 ~ 2016 年增长了约 184.46%，而学生资助支出所占比重最小，增长也并不明显。

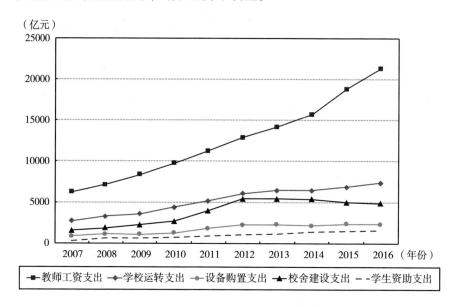

图 1 − 9　2007 ~ 2016 年教育经费总支出分项变化情况

资料来源：历年《中国教育经费统计年鉴》。

作为教育经费支出的重要方面，国家公共财政预算教育经费支出占据主要方面。考察期内的年均占比为 63.95%，在小幅波动中存在一定的增加，整体来看占比十分稳定，2016 年公共财政预算教育经费支出占经费总支出的比例接近 70%。由此，从经费支出方面，由图 1−10 可以看出，教育事业发展的实际依靠仍然是公共教育财政。与教育经费总支出情况相似的是，在公共财政预算教育经费支出中，事业性经费支出同样远远高于基本建设支出，二者之差由 2007 年的 6222.49 亿元增加至 2016 年的 24827.38 亿元，该差值在考察期中一直处于扩大状态，表明公共教育财政支出对基本教育事业发展的更加关注。另外，从功能性支出角度看，公共教育财政在"教师工资"和"学生资助"两方面的支出起到关键作用，后者占比在所有分项支出类型中占比最大，年均达 81.51%，前者跟随其后年均为 73.91%，且二者走势平稳。虽然"学校运转""设备购置""校舍建设"三项支出项目中，公共财政占比相对较小，但从整体上来看，该指标也存在上涨趋势。综上所述，公共教育财政支出在教育发展过程中扮演着十分重要的角色，且其在不同支出项目类型中均发挥着关键作用。

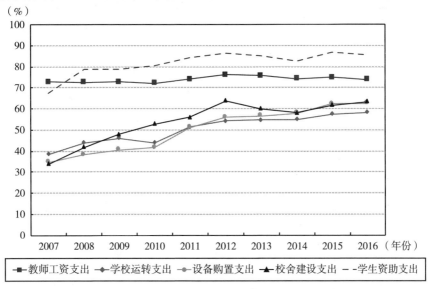

图 1−10　2007~2016 年公共财政预算教育经费支出分项占比情况

资料来源：历年《中国教育经费统计年鉴》。

（3）生均公共教育经费支出①。通常，利用生均教育经费支出，可以更清楚地展现各级各类教育的财政支出状况，其也是反映区域支出水平差异的重要指标。本部分依然从教育经费总支出和公共财政预算教育经费支出两个方面出发，考察二者的生均变化情况（见表1—3）。从总量上对生均指标开展分析并无太大意义，因此，本书将分别从各级各类教育的角度进行描述及探讨。

表1-3　　　　　2007～2016年各级各类生均教育经费支出情况

年份	生均教育经费总支出（元）				生均公共教育预算经费支出（元）			
	学前教育	义务教育	高中阶段	高等教育	学前教育	义务教育	高中阶段	高等教育
2007	3121.41	3022.40	5466.04	13435.59	1771.76	2417.33	2767.05	5724.06
2008	3718.58	3818.22	6243.42	14517.44	2141.79	3099.27	3334.46	7017.41
2009	3901.96	4676.35	7059.63	14754.52	2239.96	3827.48	3912.04	7298.36
2010	3601.85	5518.02	8100.61	16349.18	1875.34	4582.09	4776.16	8456.26
2011	4419.92	6857.57	9978.40	20008.58	2495.99	5664.03	6217.55	12084.61
2012	6152.72	8406.04	11960.47	22999.86	3922.45	7045.58	8080.55	15264.29
2013	6503.81	9433.75	12862.41	21583.62	4052.79	7871.20	8721.93	14186.42
2014	6565.13	10545.79	13481.50	22399.13	3941.04	8721.62	9283.81	14552.20
2015	7402.20	11763.66	15042.23	24465.50	4842.52	10027.09	11078.80	16277.12
2016	8595.97	12846.95	16726.95	25151.20	5663.11	10927.76	12583.68	16853.87

资料来源：历年《中国教育经费统计年鉴》。

整体上来看，不论是生均教育经费总支出还是生均公共教育预算经费支出，高等教育阶段的支出水平均高于其他阶段教育，高中阶段次之，义务教育和学前教育紧随其后。虽然高等教育阶段的生均教育经费支出的总量较高，但其增长速度却恰恰相反。在2007～2016年的考察期内，高等教育生均教育经费总支出的平均增长速度为7.22%，而义务教育最高，达17.44%，学前教育和高中阶段分别为11.91%和13.23%，可见义务教育阶段的经费支出程度正逐渐提高，也体现国家一直以来对义务教育发展的重视。生均公共教育预算经费支出的情况略有不同，义务教

---

① 生均公共教育经费支出是指以学生人数平均的各类公共教育经费支出指标。

育和高中阶段教育平均发展速度大致相同（分别为 18.25% 和 18.33%），反映出国家财政在基础教育发展过程中起到的调节和平衡作用，此点从国家生均公共财政经费占生均总经费的比例也可以看出（年均占比分别为 82.89% 和 63.38%）。从两种指标的横向对比来看，国家生均公共教育预算经费支出在各阶段教育中的增长速度普遍高于生均教育经费总支出，这从生均支出角度也展现了国家公共教育财政为各级各类教育发展所做出的巨大贡献。

生均教育经费指标可以更好地体现出区域支出水平差异，本书按照国家统计局的划分标准①，将全国划分成东中西三大区域，在此基础上对各级各类教育的生均经费支出情况开展描述。图 1-11（a）至图 1-11（d）分别展示了学前教育、义务教育、高中阶段以及高等教育的区域教育经费总支出变化情况。从总体上看，各教育阶段的教育经费支出在区域内部均呈现逐年增长趋势，东部地区生均支出高于西部地区，中部地区最少，西部和中部地区的生均支出总量相差并不明显。从各级各类教育生均支出水平和走势来看，西部学前教育生均教育经费总支出增长速度最快，东、中、西部分别达 105.97%、201.54%、329.57%，且中部和西部地区生均支出水平呈扩大态势。义务教育方面，虽然该阶段的生均教育经费支出总量并未超过高中以及高等教育阶段，但其在各地区的生均支出增长率均高于其他教育阶段相应地区，三区域年均支出分别为 9947.80 元、6261.44 元、7360.46 元，整体差异不大，且从走势来看义务教育的生均教育财政支出正向均衡迈进。高中阶段中、西部地区生均经费支出差距最小，年均差异仅为 673.45 元，而东部生均支出总量在 2016 年达 22584.54 元，远高于中、西部地区（中部为 13721.29 元，西部为 14748.11 元），区域间支出差异显著。相比以上三种教育阶段，高等教育的生均支出水平最高，但平均增长速度最低（东、中、西部的平均增长率仅达 69.07%、99.22%、116.59%），增长趋势也十分平缓。

---

① 东部地区（9 个）：北京、天津、辽宁、上海、江苏、浙江、福建、山东、广东；中部地区（10 个）：河北、山西、吉林、黑龙江、安徽、江西、河南、湖北、湖南、海南；西部地区（12 个）：内蒙古、广西、重庆、四川、贵州、云南、西藏、陕西、甘肃、青海、宁夏、新疆。

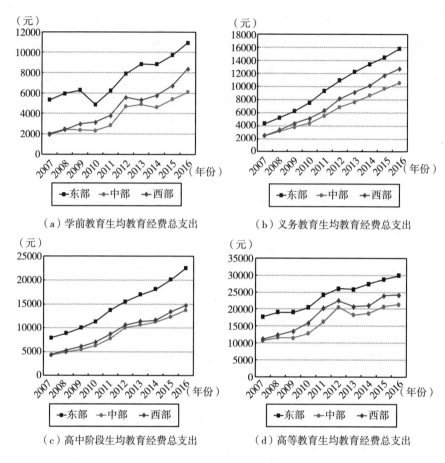

（a）学前教育生均教育经费总支出　　　　（b）义务教育生均教育经费总支出

（c）高中阶段生均教育经费总支出　　　　（d）高等教育生均教育经费总支出

图 1 – 11　2007～2016 年各级各类教育生均教育经费总支出

资料来源：历年《中国教育经费统计年鉴》。

在不同区域和教育类型划分下，图 1 – 12 展示的是 2016 年生均公共财政预算教育经费支出占生均教育经费总支出的比例情况。与上一节的政府公共教育经费投入分析一致，义务教育仍是政府经费支出的关键对象，此结论在不同区域的分析中仍然成立。高中阶段和高等教育公共财政支出占比的区域差异化并不明显，结构上，针对高中阶段，政府支出在西部地区占比更高，而对东部高等教育的支出力度较大。学前教育的公共教育支出存在显著的偏向性，东中西部的政府支出占比依次递增，表明了相对东中部地区，政府在西部学前教育发展中扮演着更加重要的角色。

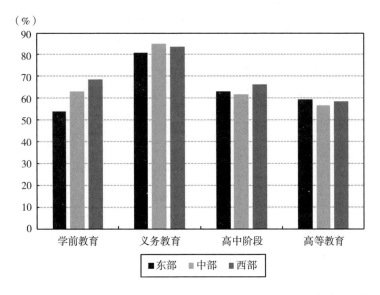

图 1 – 12　不同教育阶段中政府支出占比

资料来源:《中国教育经费统计年鉴 (2016)》。

4. 我国教育公平实现水平

虽然在公共教育财政保障条件下,教育事业整体发展状态良好,但是教育公平程度的提升效果并未达到预期。首先,我国公共教育财政投入虽然较高,但与发达国家的投入水平仍然存在一定差距,国家财政性教育经费占比也低于世界平均水平 (4.6%);其次,公共教育财政的分配存在一定程度上的空间不均衡,这将直接形成区域和城乡的教育发展水平差异,目前的教育不平等问题研究甚至已经开始涉及校际层面;再次,教育发展差异将带来个体入学机会的不平等,虽然在我国义务教育阶段机会不平等问题已经基本消失,但如高中阶段和高等级教育阶段的机会不平等仍然存在;最后,公共教育财政应该起到均衡优质教育资源的作用,然而,就目前来看,优质资源分配可能并不均衡,这将又会引起教育结果上的个体差异。

教育公平是教育现代化的基本要求,党的十九大报告指出:建设教育强国是中华民族伟大复兴的基础工程,必须把教育事业放在优先位置,加快教育现代化，办好人民满意的教育。目前，我国提升教育公平的实践工作仍在进行，从整体上了解当下教育公平实现水平是继续开展工作的必要条件。本书将从区域、城乡、学校等教育公平重点关注的目标和对象上，对教育公平目前情况展开梳理、总结和分析。

（1）区域教育公平。区域教育公平是教育公平问题最先关注的重点。2002 年 2 月《教育部关于加强基础教育办学管理若干问题的通知》，首次提出义务教育均衡发展任务。随后，2005 年的《关于进一步推进义务教育均衡发展的若干意见》形成了全面的义务教育均衡发展战略，并对其提出"逐步实现均衡发展"的目标。区域教育公平不仅体现在全国层面，如东中西的地域划分上，不同各省（区、市）的内部区域均衡也是被考察的关键对象。

2007 年"两基"攻坚战胜利完成，基础教育得到了更深入的发展，尤其是义务教育已全面普及，教育公平问题由微观个体接受教育的机会公平转向了受教育过程中的各种资源分配占有差异上，基础教育的入学机会公平不再是社会讨论的话题，而区域资源分配上的不平衡成了目前基础教育阶段的首要问题。目前，由于我国基础教育投入主要依靠各级政府，投入的主要实现手段依靠教育财政，众多学者基于公共教育财政投入的区域差异化研究表明，虽然政策保障了学龄人群的教育机会，但区域资源分配差异仍然存在，这种不平衡程度在更低层面的行政区域环境下表现得更加明显。

值得注意的是，早期研究一致得出区域教育不平衡扩大，而现有大多研究给出了相反的结论。例如，针对前期研究，王善迈等（1998）利用 1988～1994 年的数据对全国 30 个省（区、市）教育发展不平衡状况开展了探究，指出各省（区、市）间生均教育经费差异呈扩大趋势，并认为教育投入的不公平体现在总量和人均两个方面，产生的原因则来源于区域经济发展不均衡。杜育红（2000）采用极差、标准差和变异系数等测量方法，对小学和初中教育阶段分别开展研究，另外，还有其他学者研究了部分省际、内陆沿海地区等不同区域划分下的区域教育公平研究，得出类似的结论。王善迈等（2013）的另一项研究指出，教育发展总体水平与经济发展水平相关，而教育投入水平存在"东—西—中"的层级差异，从其指出西部经济欠发达省份比中部经济较发达省份教育投入水平高的结论中可以看出，政府在教育资源投入的区域均衡化方面做出的巨大努力。

虽然，随着国家对教育公平的逐渐关注，区域教育公平尤其是区域教育资源的均衡程度正逐渐转优，但是从整体来看地区投入差异仍然较大，同时还存在如缺乏科学的生均拨款测度标准、具有激励性的转移支付制度以及政府权责分配等方面的问题，而这一系列问题正是削弱政府努力，导致目前我国区域教育公平水平未达理想的关键原因。

（2）城乡教育公平。在我国城乡二元结构下，经济、社会等方面的发展存在一定差异。城乡教育的二元结构也致使城乡教育公平问题受到政府和群众的广泛重视。从改革开放 40 多年来的教育发展历史来看，我国政府结合各个阶段的教育发展需要和所面临的现实问题对实现城乡教育公平出台过较为具体的政策，高考制度恢复、义务教育普及、贫困生资助政策等系列举措对缩小城乡教育不平等均起到了关键性作用。

城乡教育公平问题，一方面来源于城乡微观个体的资源禀赋差异，这就要求政府相关政策给予扶持帮助，如 2010 年教育部印发的《关于建立普通高中家庭经济困难学生国家资助制度的意见》等。另一方面来源于外部资源的供给差异，如公共教育财政经费的分配。1985 年《中共中央关于教育体制改革的决定》中提出对基础教育发展建立"地方负责，分级管理"的体制，由于城乡经济发展的差异，从客观上导致了对基础教育的投入存在着城乡不平衡，但随着义务教育的全面普及以及政府对农村义务教育的政策偏向，城乡教育不平等也在逐步缓解。

关于教育公平的城乡差异，现有研究观点认为，我国现有城乡教育不平衡的问题仍然突出，主要体现在各级各类教育的入学机会差异上，同时，基于国家公共资源分配视角的城乡教育差距也一直存在，部分研究给出的结果和结论表明城乡差距呈现先增后减的局面。鲍传友（2005）从办学条件和入学机会两个角度入手分析了我国城乡义务教育差距现状，其指出办学条件的差距体现为义务教育投入经费的差距和师资水平的差距两个方面。朱迎春和周志刚（2006）指出农村中小学生均教育经费远低于全国水平，义务教育经费城乡投入极不平衡，生均经费城乡差异显著。此外，刘颂（2006）和樊继达（2009）的研究也给出了类似的结论。屈陆（2009）认为城乡统筹中的义务教育失衡主要表现在三个方面：一是教育机会差别；二是教育财政配置差别；三是制度性差别，其认为教育财政配置在城乡教育发展中起到关键作用。姜鑫和罗佳佳（2012）认为我国公共财政对教育的投入明显向城镇倾斜，从师资配置状况来看也存在城乡配置的结构差异。宗晓华和陈静漪（2016）基于刘易斯二元经济结构模型的实证研究表明，义务教育城乡差距呈现出先扩大后缩小的变化轨迹。

2016 年国务院印发了《关于统筹推进县域内城乡义务教育一体化改革发展的若干意见》，文件要求各地要加快推进县域内城乡义务教育学校建设标准统一、教师编制标准统一、生均公用经费基准定额统一、基本装备配置标准统一和"两免一补"政策城乡全覆盖。这更加明确了城乡教育公平的具体实现目标和过程，为更进一步缩小城乡教育不平衡，改善农村教育水平，提高城乡教育公平程度形成政策支持和制度规范。

（3）校际教育公平。对教育公平的关注目前更多集中于区域和城乡范畴，而更加微观和现实的校际教育公平也逐渐开始被重视，从政府出台的相应促进教育公平的政策中可以看出，校际教育公平实现正在不断推进。例如，2005 年起实施的薄弱学校改造工程，就为县域内学校的基础设施差异缩小起到了一定帮助。另外，更多缩小校际不平衡政策由地方政府开展实施，2006 年安徽省实施的教师工资待遇基本均衡政策，以及 2019 年 1 月 1 日北京市实施的"多校划片"政策等都是提升校际教育发展均衡程度的重要区域政策。

目前来看，校际教育不平衡主要体现在师资和生源差异、教育设施配套差异以及政府和社会支持差异等资源分配不均方面。2006 年修订的《中华人民共和国义务教育法》规定，"要合理配置教育资源，促进义务教育均衡发展，加强对薄弱学校的建设，缩小学校之间办学条件的差距，不得将学校分为重点学校和非重点学校等",这在一定程度上将义务教育的校际教育公平实现提升到法律层面。王善迈等（2013）指出，义务教育阶段的短期均衡可以实现，并在综合财政中立、弱势补偿等原则下，建立了教育的校际均衡评价指标体系，其中涵盖了教育起点公平、过程公平和结果公平三个评价方面。对基础教育阶段的校际教育不平等讨论是当前的热点，但高等教育的校际不均衡同样值得关注。以国家教育生均经费支出为代表，隶属不同类型的高校差异如图 1 - 13 所示。

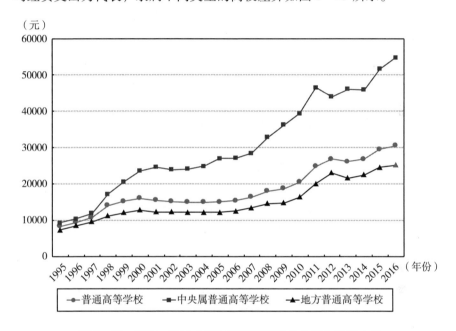

图 1 - 13 1995 ~ 2016 年不同隶属的高校生均教育经费支出

资料来源：历年《中国教育经费统计年鉴》。

从图 1 - 13 可以看出，不同隶属单位的普通高等学校生均教育经费明显具有差异。一方面，总体上普通高等教育生均经费在 20 多年中一直处于增长态势，可见国家公共教育财政的确作出了一定的努力；另一方面，中央属普通高等学校生均教育经费始终高于全国总体，且增长速度显著。考察期内的央属普通高校生均经费平均是地方属普通高校的 2 倍，后者始终处于全国水平的 80% 左右，由此，生均投入差异带来的是不同隶属的普通高校在教育资源获取和拥有上的巨大不平等，最终导致了校际教育发展不平衡。因而，不论是基础教育还是高等教育，校际教育公平程度仍需提高，且应成为被关注的关键方面。

总体而言，改革开放 40 多年来，我国各级各类教育事业，尤其是基础教育、高等教育等都得到了稳步发展。一方面，教育规模总量正逐步适应教育发展的根本需求；另一方面，教育的内部结构也在不断优化调整。针对不同教育类型在发展过程中遇到的问题和障碍，国家科学、及时地进行政策补充和制度改善，相应的公共教育财政也在很大程度上给予了支持，系统完善的教育发展体系正有条不紊地构建，为更进一步地实现教育公平提供了稳定的外部环境和资源保障。可以看出，教育发展总体上取得的进步巨大，以矛盾和问题解决为导向，教育政策不断深化配合教育发展走向，在可持续的条件要求下，渐次实现阶段式发展道路。虽然教育事业蓬勃发展，但不同维度上的教育公平问题仍然是当下教育发展面临的关键滞碍。

│ 1.2 问题的提出 │

从上述研究背景中可以看出，公共教育财政投入对于教育事业发展和教育公平实现都起到了关键作用，对公共教育财政和教育公平问题的探讨将有助于我国顺利建成教育现代化强国，此点具有重要的现实意义。但是，目前基于公共教育财政视角的教育公平问题研究有待进一步完善，本书将以此为切入点，提出如下问题。

第一，从更加微观的县级数据考虑，当下的公共教育财政分配的全国、地区和群组差异情况如何？各级各类教育的教育财政投入情况是否具有差别？公共教育财政的区域间、区域内、群组间的现实分配状况是怎样？

第二，公共教育财政投入的区域均衡是政府关注的重要方面。静态均衡判别的研究目前较为广泛，本书将聚焦公共教育财政的动态收敛特征判别，结合空间地理相关理论，尝试探讨公共教育财政的收敛特征和空间联动情况。本书将以基础教育阶段的各类教育为研究对象，在不同收敛模型下，回答公共教育财政投入存在怎样的总体空间动态收敛性？

第三，教育入学机会不平等是教育公平问题研究的热点之一。个体入学机会是否公平，一方面受到资源禀赋等因素的影响，另一方面也会被政策等外生因素所作用。当下，基础教育广泛普及，教育机会平等问题更多集中于高中和高等教育阶段。本书结合高校扩招这一政府的教育政策，首先回答高等教育机会不平等产生于哪些关键方面？再而给出公共教育财政在其中起着怎样的重要作用？

第四，教育公平问题的另一个研究重点在于探讨是否在学人群都拥有了基本无差异的公平结果。本书结合当下课外辅导这一热点现象，以基础教育人群为重点研究对象，首先尝试回答：课外优质教育资源的分配是否具有群体的异质性差异？课外辅导是否拉大了原本不平等的教育结果？在此基础上，回答公共教育财政是否发挥了平衡优质教育资源、缩小学生成绩差异的现实作用。

| 1.3　研究意义 |

改革开放 40 多年来，我国的教育事业在各方面都取得了巨大进步。作为教育事业发展的基本保障，教育经费尤其是以国家为投入主体的公共教育财政经费，是其中的关键组成部分。教育事业优质的、可持续的发展离不开教育公平的实现，作为一种准公共产品，公共教育财政在教育公平实现过程中也起着十分重要的作用。一方面，虽然我国的当前公共教育财政投入力度不断加大，经费保障制度等方面也在不断完善，但整体上，不论是从公共教育财政的充足程度还是均衡分配上，我国与世界其他国家相比仍有一定差距。另一方面，我国教育公平问题一直受到党和国家的高度重视，尤其是从近年来出台的各项政策可以看出，教育公平已经成了教育未来发展的关键侧重点。然而，就目前情况来看，区域、城乡、校际等层面的教育不平等程度依然存在。在这样的背景下，探讨公共教育财政在教育公平中发挥的重要作用，将为我国加快推进教育现代化、建设教育强国提供一定的参考和借鉴。因此，本选题具有重要的理论和现实意义。研究意义具体体现在如下几个方面。

第一，本书围绕教育事业发展主题，尽可能地从不同角度开展了与之相关的梳理工作，系统的背景梳理有助于读者从更加宏观的视角，对当前的教育发展现状有一个整体、客观的把握，也有助于后续研究内容的进一步开展。我国教育事业发展迅速，本书详细地描述了我国基础教育、高等教育、职业教育等教育类型的发展历程，同时，从教育政策和财政制度两方面给出了国家保障性措施的具体实施内涵和作用，也对公共教育财政投入的历史情况以及教育公平的实现水平开展了分类梳理，此点具有一定的现实意义。

第二，本书结合相关经济理论和计量技术，对公共教育财政分配特征开展了研究，这对清晰了解经费分配的静态和动态差异特征具有帮助，此举可进一步推动政府更加合理科学地制定经费分配政策和完善分配机制。特征性研究包含了两个方面：一方面，本书通过模型构建和分解方法，探究了公共教育财政投入的分配差异，研究结果展现了我国公共教育财政投入的整体和群组分配差异情况，有助于更深入地了解当前公共教育财政的分配状况；另一方面，本书通过构建收敛模型，并结合新经济地理学等空间相关理论，探讨了公共教育财政的空间动态特征和区域联动特征，这将对政府未来开展更加合理和有针对性的公共教育经费分配、明确分配方向，具有一定的指导意义。

第三，本书在对公共教育财政自身分配特征的分析基础上，更进一步地探讨了微观个体入学机会差异以及学生个体成绩差异形成问题。以该研究思路，深刻讨论了基于公共教育财政的我国教育公平问题研究，这有助于全面了解公共教育财政在教育公平实现中发挥的关键作用，具有重要的理论和实践意义。本书的第1章内容是对公共教育财政的分配差异性和空间收敛性开展研究，以了解公共教育财政的分配公平性。基于此，我们首先研究了教育的入学机会不平等问题，结合相关教育政策，探讨了高等教育机会平等的城乡属性差异、性别特征差异和资源占有差异，并对公共教育财政在其中扮演的角色开展了详细讨论。其次，我们平行地开展了公共教育财政与学生成绩差异研究，结合当下课外辅导机构这一热点话题，探讨了优质资源分配不平等对学生成绩差异产生的影响，并给出了公共教育财政在均衡优质教育资源中发挥的重要作用。

| 1.4 相关概念界定 |

在正式开展具体研究之前，我们需要对相关概念进行介绍和说明，以免产生歧义和混淆。

1.4.1 公平与平等

公平和平等是两个不同的概念。前者涉及价值判断，而后者是一种事实判断，因此，教育公平和教育平等也是具有不一样内涵的两种概念。教育平等意味着所有的教育资源将均等地提供给受教育群体，在数量和质量上没有任何差异，而教育公平则代表教育资源的合理分配，这种分配不一定展现的是完全平等，但在一定程度上能体现出公正的态度。褚昭伟（2018）将教育公平分成了三种类型，分别是平等性公平、差异性公平和补偿性公平，本书认为这基本包含了目前教育公平的所有内涵，为更清晰地展示三方面的差异，表 1-4 对此进行了总结和梳理。

本书认为，目前并不能实现完全的平等性公平，在未来的很长时间，差异性公平和补偿性公平将是我国实现教育公平所要关注的重点方面。本书在研究过程中也时常会出现"不平等"的表述，如"教育机会不平等""教育结果不平等"，这是因为，我们在文献梳理和总结过程中发现，大多数研究对"平等"和"公平"概念未加区分，而在使用上产生混用，为保证读者阅读流畅和方便对比，本书沿用相关词汇。但是，需要强调的是，本书在整个研究过程中的教育公平内涵主要针对表 1-4 中所示的后两类，关注的是教育资源分配是否合理和公正，而不是绝对平等。

表1-4　　　　　教育公平的类型、内涵及待解决的群体

公平类型	公平内涵及面向对象	待解决的群体
平等性公平	教育资源配置的均等，包括入学机会平等和入学后资源占有均等，面向全体适龄儿童	（1）在农村学校就读的农民子女； （2）在城市学校就读的农民工随迁子女； （3）在城市薄弱公立学校就读的户籍人口子女
差异性公平	根据个体在禀赋、能力等各方面的先天特征差异，为缺陷群体提供差异性的教育资源和服务，开展分类施教	（1）残疾儿童； （2）英才儿童； （3）普通儿童
补偿性公平	关注受教育个体的社会背景差异，为在家庭社会经济背景等方面弱势的群体提供教育资源补偿	（1）贫困家庭学生； （2）留守儿童与农民工随迁子女

资料来源：作者根据褚昭伟（2018）的研究结论整理而得。

1.4.2　公共教育财政

教育事业发展依靠各类资源的投入，其中教育经费投入是关键保障之一。根据我国的教育经费统计报表制度，教育经费统计主要从经费的投入和支出两个方面开展。其中，教育经费总投入包含了国家财政性教育经费、民办学校中举办者投入、捐赠收入、事业收入和其他教育经费五个大类，教育经费支出一般分成事业性经费支出和基本建设支出，口径在相关年份有所调整。教育经费投入代表了教育事业发展可利用到的资金，经费支出则代表了资金的具体流向。从以上两个角度，可以清晰地刻画教育经费的来源和去向，为更加合理的资金分配和使用提供一定的指导。本书中探讨的公共教育财政是其中的一部分，即以国家政府为投入和支出主体的教育经费。图1-14展现了总经费投入在不同大类下具体的经费统计结构。

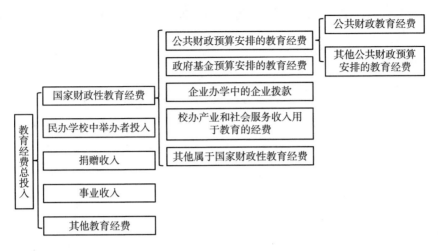

图 1-14　教育经费总投入结构

| 1.5　研究思路与研究内容 |

1.5.1　研究思路和研究框架

本书主要研究的是公共教育财政视角下的中国教育公平问题，大致可以分成四个阶段展开。整体的研究思路如下。

首先，第一阶段是公共教育财政的背景和理论研究，本部分主要涉及教育事业的发展背景和公共教育财政的理论研究框架等内容；

其次，第二阶段和第三阶段是全书的研究主体，二者形成相互关联和递进的层次关系。基于第一阶段的研究，第二阶段主要针对公共教育财政自身的差异性和收敛性而开展相应研究，以此反映公共教育财政自身的分配状况。

再次，第三阶段分别探讨了基于公共教育财政的个体入学机会不平等问题和学生成绩差异形成问题，突出公共教育财政在具体教育公平实践中的现实作用。

最后，第四阶段开展了公共教育财政的政策研究，分别基于第二阶段和第三阶段相关研究给出可供参考的政策性建议和未来研究展望。

基于本书研究思路，我们通过图1-15更加直观地展现了本书的研究框架和技术路线。

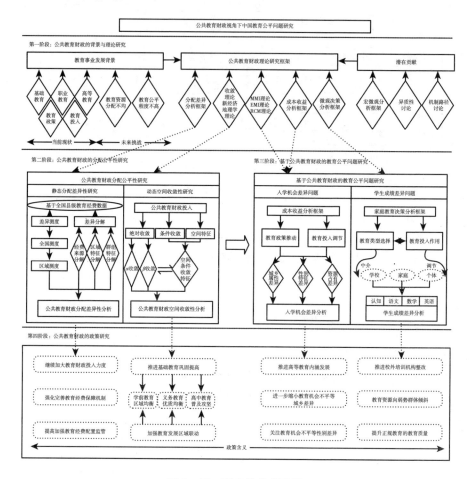

图1-15 研究的技术路线

1.5.2 主要研究内容

根据以上研究思路和研究框架，本书具体的研究内容以及章节安排如下。

第1章：绪论。本章主要是概览选题的整体研究内容，具体地，我们从选题的基本背景出发，提出相关研究问题，并给出本书的价值所在；进而在相关概念介绍的基础上，阐述选题的研究内容、整体思路以及研究方法；最后明确研究的创新之处和存在的局限性。

第 2 章：文献回顾及评述。本章以所要研究的问题为导向，详细梳理并总结相关问题的国内外研究进展，为后续章节具体研究的开展做好文献铺垫工作。

第 3 章：公共教育财政的分配差异性研究。本章基于中国县级教育财政数据，测度全国和区域公共教育财政分配差异情况，并进一步开展经费来源分解、区域特征分解和群组特征分解研究，最终，从多方面给出我国公共教育财政的分配差异所在。

第 4 章：公共教育财政的空间收敛性研究。本章基于中国省级面板数据，结合收敛理论和新经济地理学理论，构建了公共教育财政空间动态收敛模型，并以学前教育、普通小学、普通初中和普通高中组成的基础教育阶段为重点研究对象，开展详细的空间动态收敛判别。

第 5 章：公共教育财政与入学机会差异研究。本章在家庭微观决策理论模型构建的基础上，结合外生教育政策引致的教育机会增加，探讨高等教育阶段的教育起点公平问题，明确哪些微观因素将带来教育机会的不平等，影响教育起点公平。更进一步地加入公共教育财政因素，判断公共教育财政在教育起点公平实践中的关键作用。

第 6 章：公共教育财政与学生成绩差异研究。本章首先结合当下课外辅导这一热点话题，探讨优质教育资源的微观偏向性，以及对个体教育结果差异的影响。具体地，我们将以课外辅导为中介，开展教育结果异质性差异的机制路径分析。进一步地，本章将构建调节—中介效应模型，展现公共教育财政在缩小教育结果不平等中扮演的重要角色。

第 7 章：主要结论、建议与研究展望。本章主要对全书进行了总结，并根据所得结论给出相关政策建议，与此同时指出本书未来可能的研究方向。

| 1.6 主要研究方法 |

本书以公共教育财政为研究内容的核心，探讨我国教育公平相关问题，结合经典经济学理论和计量理论方法，利用宏观和微观数据进行了深入研究。

1.6.1 文献归纳法

根据本书的整体研究思路，以所要研究的内容和目的为导向，通过图书馆、中国知网、各类政府网站等多种渠道搜集、整理、归纳研究问题的国内外前沿信息和相关理论与实践研究成果。我们将从教育不平等指标体系建立和测度方法的研究综述开始，依次进行公共教育财政相关文献的总结工作，最后对入学机会差异和学生成绩形成差异问题的当前研究进行深度梳理，在此基础之上，全面考察现有研究存在的待改进之处。一方面，最大限度地保证本书立足于前沿水平；另一方面，为本书后续进一步的研究拓展思路、提供更加清晰的研究目标和内容。

1.6.2 比较分析法

在系统梳理国内外相关研究成果后，本书后续章节还将应用到比较分析的研究方法。比较研究法大致分横向和纵向两个方面：一方面，通过对公共教育财政投入的区域、城乡和校际差异进行横向比较，清晰地了解现实的针对不同空间和群体的分配差异的情况；另一方面，还将比较不同历史时期相关指标的纵向动态特征。另外，比较研究法更多的是结合其他研究方法开展实施，如在本书的公共教育财政分配差异性和收敛性研究中，根据其他方法所得结果，多次使用比较研究进行了更加细致的讨论。

1.6.3 理论模型构建法

基于经典理论之上，本书在探究公共教育财政和教育入学机会不平等问题的章节采用了理论模型构建和演绎的研究方法，初步探讨了高等教育机会获得与教育政策、教育财政可能存在的关系，并以此为基础，进一步开展了相应的经验分析，刻画出高等教育机会平等的微观实现机理及机制，判断出教育机会不平等在群体内和群体间的具体影响因素，以及公共教育财政的现实作用。

1.6.4 计量分析方法

本书基于不同数据类型，构建了适合分析的计量研究模型和方法。大致可以分成如下两类。第一类为基于现有分析框架和理论的计量模型构建。例如，第 3 章在分配差异测度框架下构建的公共教育财政分配差异测度与分解模型，第 4 章基于收敛理论和新经济地理学等空间理论的公共教育财政的空间收敛模型。第二类为通过某一特定的计量技术构建的符合研究目的的实证策略。在第 5 章本书利用变量之间的交互，构建了双重差分模型和三重差分模型，以此判别教育政策和教育财政是否在其他因素影响教育机会不平等的过程中起到了调节作用，在第 6 章中，本书构建了中介效应模型以及中介—调节效应模型，并应用其分析相关的异质性因素影响教育结果差异形成的作用机制和路径。另外，本书部分章节还运用了自助法进了模拟研究，以此构造出的置信区间将保证研究结果更加稳定和可靠。

| 1.7 研究创新与不足 |

本节主要阐明全书研究的创新之处和存在的局限性。一方面给出本书的研究价值所在，另一方面也为未来的进一步研究提供一定的思路。

1.7.1　研究创新

本书的主要贡献和创新存在于以下几个方面。

第一，研究视角的创新。通过对大量研究文献的梳理，本书发现，虽然现有研究对公共教育财政分配差异讨论居多，但对基于此开展的教育公平问题研究较少。本书将二者相结合，从研究视角上提出了"基于公共教育财政视角的中国教育公平问题研究"的研究课题。在具体实践中，本书也并未忽略对公共教育财政本身的深刻讨论。在研究思路上，将整个课题的主要环节分成了相互关联和递进的两个子部分，分别探讨了公共教育财政自身分配公平性，以及基于此的教育入学机会差异和学生成绩差异形成问题。其中，关于公共教育财政自身分配公平性的讨论，又将细化成两个方面的研究，一方面是公共教育财政的分配差异性研究；另一方面是空间动态收敛性研究。

第二，研究问题的创新。本书在研究问题上也有一定的创新。首先，在探讨公共教育财政自身分配公平性方面，本书利用两章内容，将分配差异研究和空间收敛研究相结合，从地区特征、经费来源、群组特征、空间联动等不同角度提出了所要研究的问题，尤其是在公共教育财政的空间收敛性研究中，本书探讨了基于收敛的空间动态演变特征，而根据现有文献来看，针对此问题的研究并不多见。其次，在探讨教育机会和结果不平等问题方面，本书考虑到重大教育政策以及受到公众关注的当下热点话题，提出相应的教育公平研究问题，针对所提出的研究问题，进一步对所要研究的对象作出明确限定，以确保问题、对象、结论、建议等方面的一致性。

第三，数据方面的创新。在保证研究过程顺利开展的基础上，本书尽可能地使用了更加符合分析需要的研究数据。例如，本书尝试利用全国县级数据对公共教育经费的分配差异进行测度和分解，并从多个角度得出相关结果和结论；本书还将全国省级面板数据和空间地理数据相结合，开展了公共教育财政的空间动态收敛性研究；另外，考虑到微观数据库的调查针对性，分别使用了中国家庭跟踪调查数据库（China family panel survey，CFPS）和中国教育追踪调查（China education panel survey，CEPS）进行了教育入学机会差异和学生成绩差异形成研究。与此同时，在数据匹配方面，本书将宏观的公共教育财政数据匹配到微观调查数据中，精准地匹配有助于识别相关因素的影响机制和作用渠道，也对考察微观个体的决策行为和异质性特征起到重要作用。

第四，方法使用方面的创新。针对相关研究问题，本书在不同章节分别使用了不同的研究方法。例如，在第 4 章 "公共教育财政的空间收敛性研究" 中，本书将经济收敛理论和新经济地理学等空间计量方法相结合开展研究，这在现有文献中并不多见；在第 5 章 "公共教育财政与入学机会差异研究" 中，侧重建立了双重差分模型和三重差分模型开展问题探讨；在第 6 章 "公共教育财政与学生成绩差异研究" 中，本书建立了中介效应模型和包含调节的中介效应模型，分别对教育结果不平等产生的机制和路径，以及公共教育财政在其中发挥的调节作用进行了深刻讨论。

1.7.2　研究不足

本书在充分的前期文献搜集与总结之上，立足于公共教育财政，对我国教育公平问题进行了初步探讨。但受限于自身水平和客观条件等方面的限制，仍然存在如下局限性和不足之处。

第一，数据方面缺乏内在一致性。本书针对不同的研究问题使用了不同类型的数据，这将导致每个子研究之间缺乏数据的内在一致性，降低了研究结果在同一框架下的解读性。另外，由于受到数据获取方面的限制，部分研究内容所用数据包含的研究区间较短，虽然不影响整体的分析结果，但若增加数据的时间跨度，将可能得到更加丰富的研究结论，这也是未来可供扩展的研究方向之一。

第二，内生性讨论不足。本书除了在第 4 章利用了面板数据，并采用了差分 GMM 和系统 GMM 估计方法解决部分内生性问题外，其他章节对内生性的讨论并不充分。由于全书研究的关键变量为公共教育财政，而本书认为公共教育财政投入在一定程度上符合了外生条件，其与所研究问题的被解释变量之间并不存在明显的互为因果关系。当然，为最大限度地保证公共教育财政外生，本书在相关计量模型设计上，充分考虑并加入了适当的控制变量，关于内生性的问题还有待进一步完善。

第 2 章

文献回顾及评述

国家公共教育财政是教育发展的基本保障，充足的投入和均衡的分配也是实现教育公平的客观要求。现有研究文献从理论构建和经验分析等多方面对相关问题开展了深刻讨论。本章结合全书的整体研究内容和研究思路对文献开展搜集和整理，并在此基础上，归纳总结当前研究进展。综述内容的核心围绕的是公共教育财政与我国教育公平相关研究主题，通过本章的综述，一方面，我们可以从不同角度了解到国内外研究者所关注的重点话题；另一方面，也为进一步开展后续章节的研究奠定了重要基础。

| 2.1 教育不平等指标体系建立及测度方法 |

贝尔勒和斯蒂埃费尔（Berne & Stiefel，1978）最早对教育公平进行了测度，他们将学校财政系统作为研究对象，建立了教育公平测度的标准范式，同时利用测度方法评估了美国联邦教育经费支出的不平等程度。黑利和埃斯腾斯（Healy & Istance，2005）也构建了一套指标体系对OECD国家进行了教育不公平的测度，另外，国外还有其他学者针对不同教育环境设计了不同的测度指标（Unterhalter，2014；Cahalan & Perna，2015；Kramarczuk，2017）。

　　国内的相关研究起始于 2003 年，研究内容主要集中在两个方面。一方面，关于教育公平测度指标篮子的选择。杨东平和周金燕（2003）初次探讨了教育公平指标选取的问题，其认为中国当时在该重要方面的研究相当空白，就此结合中国实际提出，我国教育公平指标体系应包括总体教育水平差异指数、义务教育均衡指数、高中教育公平指数、高等教育公平指数四个指标。这四个各自独立的指标既可以整体评价我国或我国某一地区的教育公平状况，也可以单独评价不同阶段教育公平的水平。在此之后，另有一些学者提出自己指标构建的具体建议（周金燕，2006；邬志辉和安晓敏；2007；沈有禄和谯欣怡，2009；王善迈等，2013；黄艳霞，2017）。孙阳等（2013）细致探讨了该问题，其选取十项有代表性的相关研究进行分析，结果发现中国教育公平指标在具体指标选择上，主要侧重于事业类资源配置指标和教育规模类指标，指标维度主要是基于户籍制度的城乡及区域维度，认为在阶层维度以及教育过程、教育产出维度中存在缺失，通过研究最终给出教育公平指标体系的构建需要在时效、维度和处理等方面进行改进的建议。总体来说，国内关于教育公平指标体系构建的文献仍然非常之少，研究内容有待扩充。另一方面，关于教育公平指标测度方法。教育公平指标主要分为单指标和多指标两种类型。现有的中国教育公平指标测度中，各类指数被广泛使用，体现在以下两个方面：一方面，采用诸如标准差、极差、变异系数、泰尔指数等方法对单个指标进行测算（Thomas et al.，2001；Tomul，2009；汤林春，2013），通过单指标判断教育公平水平和程度；另一方面，在整体指标体系层面，对各类指标赋予权重，计算整体指数（翟博，2006；尤莉，2016）。总体来说，不论是通过单一指标还是综合指标，都有一定的缺陷，其信度和效度方面都不能被很好地满足。同时，由于数据获取等客观原因的存在，关于教育公平指标测度也无法给出更加建设性的意见和建议。

　　另外，还有一些对教育公平的比较研究，国内外侧重点有所不同。美国主要关注于教育在种族、性别和特殊人群等方面，而中国主要关注于城乡和政策制度差异，研究取向更加偏向宏观研究和政策评论（窦卫霖和刘应波，2013）。

2.2　公共教育财政分配差异测度与研究

2.2.1　公共教育财政分配差异测度

我国在 2012 年实现国家财政性教育经费支出占国内生产总值的比重达到 4% 的总体目标后，侧重点放在教育投入的结构和均衡上，以保证教育公平的实现。随着教育财政投入短缺矛盾突出，区域间的教育财政差距不断扩大，深刻影响到教育公平的实现效果，教育财政问题引起了政府、学术界和社会公众的普遍关注，涌现了一大批的研究成果，这些成果对我国教育财政政策产生了重要影响。

从研究范式来看，关于公共教育财政分配差异测度的方法，现有文献主要还是在传统测度不平等的各种方法论下开展的。托马斯等（Thomas et al.，2001；2002）关注受教育程度，通过构造出的教育基尼系数计算模型，利用受教育年限数据对 85 个国家（后扩展到 140 个国家）的教育公平情况进行了测度，并得到国内学者的广泛运用（孙百才，2009；汤林春，2013）。结合其思路，部分学者利用教育财政数据进行了教育公平的测度研究，并详细论述了所得的结果和结论（杨颖秀，2005；叶平和张传萍，2007）。

2.2.2　公共教育财政分配差异研究

亚当·斯密等西方古典经济学家广泛研究了教育财政问题，形成教育财政理论，他们得出在教育产出的获得中，政府的教育财政投入是关键，教育资源均衡配置的核心是政府教育财政均衡配置。在目前教育资源均衡配置的研究中，基本是基于公共教育财政配置开展的。

哈努谢克和雷蒙德（Hanushek & Raymond，2005）通过对美国国家教育进步评估项目（NAEP）调查数据进行分析，发现教育财政投入要起到缩小学生学业成就差距的长期作用，其关键之处就在于对各类公共教育资源进行公平、科学配置，尤为重要的是建立以公平、科学为核心价值取向的财政体制机制。杰克逊等（Jackson et al.，2016）运用改进的工具变量方法对美国收入动态追踪研究项目（PSID）的调查数据进行量化分析发现，在克服了教育财政投入的内生性问题的情况下，公立小学和初中学校生均经费支出每增加10个百分点，可以使个体受教育年限平均增加0.31年、工资收入提高7%、贫困人口每年发病率减少3.2%，即增加生均经费支出能有效提高高中生毕业率、居民受教育年限、工资薪酬以及减少贫困。栗玉香（2010）以我国义务教育为对象，从省际、城乡、县际和校际四个角度深刻探讨了财政教育资源配置均衡状况，认为义务教育财政教育资源配置从总体上来看是趋向均衡的，政府需在总量增长的同时更加关注财政发挥的实际效用。袁诚等（2013）使用2002~2006年9个省份的"城镇住户调查"重复横断面数据以及地方财政和在校生数据，在引入地方教育财政支出的分析框架下，研究了中小学生家庭义务教育阶段的各类教育支出的影响因素，研究得出政府教育支出对家庭支出的各项类别具有"替代效应"和"互补效应"，且效应在不同收入层次上显著不同。凡勇昆和邬志辉（2014）基于东中西部对8省17个区（市、县）的实地调查，以义务教育资源为研究对象，分析了城乡义务教育的资源投入均衡情况，得出目前在公用经费等指标上已经实现了一定程度的均衡的结论。陈纯槿和郅庭瑾（2017）利用中国教育追踪调查数据，从教育公平的视角考察和分析教育财政投入对学生学业成就及教育结果不平等的影响，研究得出生均公用经费的正向效应在经济发展水平较低的农村更加显著，而且生均公用经费的提高显著降低了家庭经济收入对学生学业成就的影响，从而起到降低教育结果不平等的作用。

另外，现有研究一致表明，教育财政投入均衡将对区域和城乡发展、缓解固化的社会阶层、提高整体人力资本实现经济可持续发展起到关键作用（杜育红，2000；褚宏启，2006；袁连生，2011；王少义和杜育红，2013）。在教育公平和公共教育财政分配差异测度基础上，众多学者进一步展开了相关研究。由于各国财政体系的差异，我国学者更多关注对区域和城乡教育投入空间差异的研究。其中，根据具体研究范围，又将分为省际、县际和城乡三种分析模式，研究范围主要集中于全国、省际、县际、东中西区域、内陆沿海地区等不同区域（钟宇平和雷万鹏，2002；栗玉香，2010；刘小春和李婵，2010；王善迈等，2013；余漫和林万龙，2013；钟景迅等，2016）。

1. 关于区域和城乡教育财政投入的研究

王善迈等（1998）利用 1988～1994 年的数据对全国 30 个省（区、市）教育发展不平衡状况进行了研究，指出各省（区、市）间生均教育经费差异呈扩大趋势，并认为教育投入的不公平状态是区域经济发展不平衡所致。杜育红（2000）采用极差、标准差和变异系数等不同的测量方法也对全国生均教育经费进行了研究，并样本分为小学和初中，得出同样的结论。钟宇平和雷万鹏（2002）利用省级数据，通过对全国义务教育生均支出水平的研究发现，1994～1998 年全国普通小学和初中支出差异不断扩大，且小学教育的相对差距要大于初中教育，还有其他学者探究了部分省际、东中西区域、内陆沿海地区等不同区域划分下的省际教育公平问题（栗玉香，2010；王善迈等，2013）。另有一部分学者从县际角度进行了考察。曾满超和丁延庆（2003）利用 1997 年和 2000 年的县级数据，从城市和乡村及沿海与内陆两个方面进行了研究，结果表明，沿海与内地差距呈扩大趋势，且中部相对于西部地区丧失了优势地位，东部地区与全国其他地区差距也在不断扩大。顾家峰（2012）利用空间计量的实证方法，根据莫兰指数（Moran's I）检验发现，公共教育财政资源地区配置上存在显著空间自相关性，即邻近县之间在配置公共教育财政资源上会互相影响，存在策略性行动，表明县际竞争的存在，将影响教育公平。此外，谭俊英和邹媛（2016）对西部 A 省 3 县地进行了调查，研究得出普通高中教育投入的增加并未带来普通高中教育经费分配的公平的结论，此外省域内普通高中教育经费校际差距有逐年扩大的趋势，且县际之间的差距远远大于县内校际的差距，呈现出明显的县际失衡。吴红斌和马莉萍（2017）通过运用 2007～2010 年全国县级面板数据建立的固定效应模型进行实证研究得出类似结论。还有学者在我国城乡二元结构框架下,从教育财政视角就教育公平问题进行了探讨(朱迎春和周志刚,2006;樊继达,2009;宗晓华和丁建福2013;宗晓华和陈静漪2016)。

2. 面向不同教育类型的教育财政投入差异探讨

(1)公共教育财政与基础教育公平。基础教育实行的是在国家宏观指导下主要由地方负责、分级管理的管理体制,由于县级财政收入水平较低和地区财力差别较大,地区间外部性不仅引起教育资源配置的低效率,同时也引起地区间的教育公平问题。昝志宏(2005)从农村基础教育公平方面展开研究,指出农村基础教育是基础教育的重要部分,也是薄弱环节,教育财政投入将对农村基础教育的教育公平产生极其重要的影响。针对农村基础教育还有其他学者进行了相关研究,并得出相似的结论(卜森,2009;刘小春和李婵,2010;余漫和林万龙,2013)。翟博(2006)从区域、城乡、学校和受教育群体四个方面对于基础教育均衡度进行了研究,认为地区间财政性教育经费以及初等教育生均教育经费和中等教育生均教育经费的绝对差异仍在拉大,教育财政在基础教育不同类型的群体上的投入差异已是教育不公平产生的重要原因。此外,其还从教育财政的其他角度对基础教育均衡发展提供思路(翟博,2007;翟博和孙白才,2012)。另外,有些学者从教育财政的时空角度探讨了其对基础教育公平的影响作用情况,如谭笑等(2011)对我国各省基础教育均等化程度进行了比较。其认为从基础教育的投入来看,我国基础教育经费在各个地区分配不均衡,差异较大,而且从产出和效果来看,我国基础教育水平发展也不平衡,这在很大程度上与上级政府承担基础教育财政责任份额不足有关。还有一些研究针对外国教育财政与基础教育公平问题进行了探讨,并为中国基础教育公平实现提供借鉴(蒋丹,2009;柏檀等,2015;贾媛,2016;杜莉,2017)。

(2)公共教育财政与义务教育公平。义务教育包含在基础教育之中,也是教育财政政策关注的重点对象,关于教育财政投入与基础教育公平的相关研究，可为义务教育实现公平发展提供借鉴。总体来看，针对该方面的研究，学者一般从政府财政投入对义务教育在区域间的分配公平情况进行开展讨论。例如，钟宇平和雷万鹏（2002）、朱永梅和陈金龙（2005）、刘翔和申卫华（2009）、栗玉香（2010）等。宗晓华（2008）和吴春霞等（2009）则共同关注了农村义务教育投入的体制演变，其认为需要在继续增加中央和省级政府投入的同时，逐步放弃"分项目、按比例"的转移支付方式，强化地方农村义务教育的预算约束，这样才能保证基层教育财政的合理有效运用，以保障农村教育公平的稳步实现。有学者从中央教育财政拨款角度开展讨论，总结了义务教育财政取得的成就，并指出了当前义务教育财政依然面临着地区间投入差距较大、缺少科学测算的生均标准成本作为拨款依据、转移支付缺乏激励、政府间支出职责分配不合理等问题，而这些问题削弱了中央政府在义务教育公平方面所作出的财政投入努力（刘建发和文炳勋，2012；黄斌和汪栋，2016）。钟景迅等（2016）则从地方政府的财政投入角度进行考量，其认为欠发达地区由于县级政府自身财力有限，而上级财政支持力度不够，使县级政府在承担义务教育财政投入时陷入困局，市辖区比县、县级市在举办义务教育方面面临更大的财政压力，这将限制地方义务教育公平的具体实现。

（3）公共教育财政与高等教育公平。目前中国的高等教育中仍存在着许多不公平的现象，具体表现为区域间高等教育财政经费投入的不均衡（张炜和时腾飞，2009）、中央与地方高校间经费投入的不均衡，以及高等教育财政中立性的偏差（邵学峰和王国兵，2010）、不同社会经济背景学生接受高等教育机会的不均等、对高校贫困学生的资助不到位等。在实际运行中，如何保证家庭贫困的学生不因经济困难而失去上大学的机会，是高等教育发展中需要正视的一个社会问题，也是研究的热点问题（丁小浩和梁彦，2010；蔡超和许启发，2012；曹妍和张瑞娟，2017），应通过规范收费，合理的教育成本分担机制，完善贫困生资助政策等途径来解决这一问题，从而实现高等教育的公平，而这些措施同中央和地方政府的教育财政投入是密不可分的。李文利（2006）指出高等教育财政政策对入学机会和资源分配公平起到了促进作用，其通过问卷调查的方式得出结论：与重点高校相比，"高收费＋低资助"的状况在一般院校中表现突出。这造成低收入家庭承受了较重的高等教育个人支出负担；学费对入学机会的负面影响要大于对学生资助的正面促进作用，要达到促进入学机会和资源分配公平性的目标，中央和地方要加大高等教育财政投入并合理有效地使用。刘宛晨和周伟（2007）也基于高等学校财政资源配置进行了高教入学机会公平的研究，得出需要加大对高等教育的财政投入、多渠道筹集融通资金、建立科学的转移支付制度等财政手段来优化高等教育的资源配置，促进高等教育入学机会的公平。就现有文献来看，存在以下几个方面的不足：第一，关于教育财政对高等教育机会不平等主要集中于数量层面的描述，缺乏实证；第二，文献一般从宏观角度对高等教育机会来进行衡量，如入学率、招录比等，从微观个体角度进行的分析较少；第三，研究者往往将教育财政投入作为影响高等教育机会公平的一个独立方面加以考虑，而教育财政投入往往受到政策以及区域差异的影响，对于它们之间的交互作用分析较为薄弱，本书后续将继续扩展此方面的研究。

2.2.3 公共教育财政分配空间研究

通过对目前教育财政投入的研究进行综述后可以发现，大多数文献都是通过构建或计算静态指标，并在此基础上开展空间差异分析，如设计教育均衡发展指数（翟博，2007；王善迈等，2013）、计算义务教育公平指数得分（田志磊等，2011）和基尼系数（杨颖秀，2006；孙百才，2009；汤林春，2013）等。针对区域间教育投入发展差异的空间演变和收敛性判断仍然较少，相对而言，国外学者在新古典增长理论框架下探讨空间收敛性的文献颇丰，但主要还集中于判断经济收敛情况（Barro & Sala - i - Martin, 1991；Bernard & Durlauf, 1995；Holmes, 2002；Sonder-mann, 2014；Borsi & Metiu, 2015）。从索罗（Solow, 1956）提出的新古典经济增长理论可以看出，基于生产要素边际报酬递减规律，任何一个经济体的经济增长在长期都将达到均衡，其作出这样的推论：一个经济的人均收入距离其稳态水平距离越远，对于资本的回报率越高，人均收入水平增长越快。鲍莫尔和沃尔夫（Baumol & Wolff，1988）率先开展了收敛问题的经验分析，其得出了较为落后的经济体具有较快发展速度的结论。部分学者也对教育或者人力资本发展的收敛情况进行了研究。斯坦马基斯和佩特拉基斯（Stamatakis & Petrakis，2006）同样利用入学率指标，在修正的 Tamura 理论命题基础上，尝试评估收敛性在不同经济合作与发展组织（OECD）成员的国内和国际情况，结果表明人力资本在不同国家内部收敛，而跨国收敛并不存在。顾（Gu，2016）通过使用中国 31 个省份 1995～2008 年的地方职业教育数据，探讨了其发展的空间收敛性以及邻里交往政策扩散的影响状况。随着收敛性工具的广泛运用，国内目前也有一些此类研究的出现。顾家峰（2006，2012）在收敛和政府竞争视角下，利用空间计量的实证方法探讨了公共教育财政资源的区域配置状况以及政府在其中采取的不同策略性行为对教育公平产生的影响。韩海彬和李全生（2013）基于省级面板数据对农村教育收敛性情况开展了研究。夏焰和崔玉平（2014）利用省域生均事业经费支出数据，考察了普通高等学校经费分配差异和收敛性；李恺和罗丹（2015）则以义务教育为研究对象进行了类似的研究；郑展鹏和岳帅（2017）对我国各教育阶段教育资源配置区域差异的动态演变趋势进行了实证分析。

| 2.3　公共教育财政与教育入学机会不平等问题 |

随着我国基础教育普及工作的顺利开展以及不断深化，基础教育的教育机会平等问题不再是学者的关注重点。从世界范围来看，教育机会不平等主要产生在更高等的教育层面上。1960 年高等教育扩招在全世界范围展开（Schofer & Meyer，2005），随后高教大众化三阶段理论被提出（Trow，1974），以高等教育发展规模为全部适龄人口提供教育机会状况来看，将其分为精英化阶段（15% 以下）、大众化阶段（15%～50%）和普及化阶段（50%以上）。大众化阶段历时较长且为关键阶段，国家的持续发展必然需要经历高等教育大众化，但各国的实现方式和路径并不相同，李立国（2014）指出世界高等教育大众化可以大致分为主动型模式和被动追赶型模式。很显然，我国的高等教育大众化由扩招政策推动而来，作为后发国家的典型，我国正在由后者向前者逐步转变。

2.3.1　教育机会不平等研究相关理论

众所周知，人力资源禀赋、社会资源分配以及财富权力差异等因素将导致有限的高等教育这一准公共产品供给无法在异质的群体中完全平等（陆晓峰等，2016）。高等教育扩张是否对其分布起到一定的均等化作用受到国内外学者的广泛关注。国外学者针对教育扩张与教育机会平等提出了三种具有代表性的理论。

拉夫特瑞和霍特（Raftery & Hout，1993）指出，如果优势群体（或上层阶级）拥有获取更高等教育的可能，那么教育机会不平等将会一直持续，该理论假设被称为"最大化维持不平等假设"（maximally maintained inequality，MMI）。MMI成立的核心基础在于社会阶层差异长久存在，优势群体会利用其充足的资源占取能力和手段挤占劣势群体的教育机会，只有前者在某一级别教育类型中达到一定程度的饱和，教育机会不平等才能有所下降，这一理论假设也被部分学者所证实（Breen & Goldthorpe，1997；Haim & Shavit，2013）。

在该假设基础上，卢卡斯（Lucas，2001）提出"有效维持不平等假设"（effectively maintained inequality，EMI），更进一步指出优势群体的教育饱和并不能够降低教育机会不平等，其仍将以有效的方式维持。虽然表面上看，优势群体在某一级别教育类型上达到饱和，但不同阶层获取到的该教育类型存在质量上的差异。例如，针对中国高等教育，存在大学本科和大学专科之分，在高校扩招背景下，劣势群体可能提升了后者的教育机会，而优势群体在高质量的教育水平上占据优势，机会不平等仍然存在。艾斯平－安德森和瓦格纳（Esping－Andersen & Wagner，

2012）使用 2005 EU - SILC 中的代际模块，通过比较两个北欧国家和三个欧洲大陆国家，直接从成人收入角度估计孩童的代际流动趋势，并且间接得出社会出身对教育成就的影响，以此验证了有效维持不平等的假设。

MMI 和 EMI 虽然是教育机会平等研究的重要理论假设，但仍有研究得出教育扩张将缩小教育机会不平等的结论，由此促使研究者对相关理论假设进行重新定位，更多学者选择探讨在教育扩张背景下，教育机会平等的异质性影响。西格里斯特（Siegrist，2003）基于主观期望效用理论，强调了父母教育决策的关键机制，认为从该角度出发，教育动机的增加和教育成本效益的主观评价变化是增加高中学生参与更高等教育的重要条件，然而，这又是教育扩张的结果。该假设观点被称为"理性选择模型"（rational choice model，RCM）。该理论认为教育机会不平等是否下降取决于影响家庭教育决策因素是否发生变化，若对于不同阶层群体的决策差异未随时间推移而改变，那么机会不平等程度将继续维持，反之将可能下降。因而，高校扩招影响个体决策进而影响教育机会平等的深层因素是目前研究的主要方向。

2.3.2　教育机会不平等的国内研究

针对高等教育机会不平等问题，国内也已开展了一系列研究，结合高校扩招政策，也呈现出较为丰富的研究成果。李煜（2006）在代际教育不平等理论框架下，探究了 1966~2003 年制度变迁与教育不平等的产生机制，认为家庭背景在教育供给扩大时期是不平等产生的关键，文化再生产模式和资源转换模式是两种并存机制因素。李春玲（2010）考察了高校扩招的平等化效应，利用 2005 年全国 1% 人口抽样调查数据，并构建计量模型综合测度了不同阶层、城乡、性别、民族之间存在的机会不平等情况，其中的一个主要结论为高等教育扩招并未提升异质性群体的机会平等状况，此后陆晓峰等（2016）利用另一微观数据也得到了相似的结论。

另外，部分学者针对不同研究目的进行了高校扩招背景下的机会平等研究。例如，张兆曙和陈奇（2013）利用中国综合社会调查（Chinese general social survey，CGSS）微观数据重点探讨了高校扩招与高等教育机会的性别平等化情况，其得出父辈文化水平和城乡属性具有显著的性别差异的结论，这一差异在通过对扩招前后模型系数的比较后将变小，说明扩招政策在以上两个因素中起到了性别平等化作用。吴愈晓（2013）结合文化资本理论、资源稀释理论以及教育决策的理性行动理论对教育扩招引致的城乡教育机会不平等开展了研究，采用梅尔升学模型，评估了不同升学阶段的城乡差异。马宇航和杨东平（2015）同样利用 CGSS 数据验证了高校扩招对城乡教育机会差异演变轨迹，其指出城乡差距长久存在，并得出在扩招政策实施后更加明显的结论，孟凡强（2017）也得出相同结论。邵宜航和徐菁（2017）在蒙什（Munshi，2011）基础上构建了高等教育选择模型，并将高等教育按质量水平划分，解析了扩招如何对不同收入阶层家庭的高等教育选择的影响机制，利用中国居民收入调查（Chinese household income project，CHIP）2013 年的微观数据，从量和质两个层面实证了教育不平等的演变情况，并得出高等教育扩招将减轻"量"层面上的不平等程度，但"质"层面的差距仍然扩大，佐证了 EMI 假设在我国高等教育上的现实存在，王伟宜（2013）也开展过相似研究，其利用 1982～2010 年我国 16 所高校的微观数据进行实证研究，最终提出需通过一系列政策干预改善教育机会的阶层差异。

2.4　公共教育财政与教育结果公平问题

目前来看，教育结果公平问题主要产生于基础教育阶段。从其本质上来看，学生的教育结果差异一方面来源于生物体不可改变的智力等方面的因素，另一方面则是由教育资源的分配差异所导致。基础教育的普及使得"人人有学上"基本成为可能，然而，由于学校正规教育的质量和水平存在差异，为追求更加优质的教育资源，校外教育机构成为家庭教育决策者青睐的对象，该部分教育资源的获取可能在很大程度上取决于微观个体其他各方面的资源占有状况，教育结果不平等由此产生，因此，基础教育的教育结果公平问题将是本书后续的研究重点之一。

国内外已有众多学者基于斯蒂文森和贝克尔（Stevenson & Baker，1992）以日本高中学生为研究对象并首次提出"影子教育"的概念，对基础教育的教育结果不平等问题开展了研究。斯蒂文森和贝克尔（1992）指出，影子教育是学校正规教育的补充，且发生在正规教育之外，目的是帮助学生提高学业成绩进而获得更高等级教育的教育形式。随后，布雷（Bray，1999）更进一步指出，影子教育依赖于学校正规教育，且不包含政府公共教育投入和家庭接受的无偿教育，本质上它的形式和规模将随学校正规教育的变化而变化，具备一定的盈利性。现有研究发现，教育资源分配，尤其是优质教育资源分配存在区域不均衡是影子教育市场形成的重要原因，东亚和南亚是影子教育最初盛行的区域，之后全球蔓延，多样的教学形式、自由的教学时间以及提供有针对性的补习服务，是其与学校教育之间存在的主要差异（Russell，1997）。自彭湃（2008）将影子教育概念引进以来，国内针对该方面研究也逐渐增多（范晓慧，2008；薛海平和丁小浩，2009；薛海平，2015；胡咏梅等，2015；李佳丽和胡咏梅，2017；徐家庆和周远翔，2018）。目前，国内外关于影子教育以及基于此的教育公平问题研究主要包含如下几个方面。

第一，影子教育参与的个体背景差异研究，包含了地域（地区或城乡）、校际、家庭和个体等方面，该类型研究多以直接的统计性描述为主，能直观地反映出不同国家或地区的影子教育参与情况。薛海平和丁小浩（2009）对中国城镇学生的教育补习活动开展了研究，其利用《2004 年中国城镇居民教育与就业情况调查》调查数据分析得出，超过一半（55.5%）的城镇学生参与了影子教育，其中，小学阶段参与度最高达 73.8%，初中次之，相较而言，处于义务教育阶段的学生是影子教育参与的主要群体，且决策以"培优"为目标。夸克（Kwak，2004）针对韩国小学、初中和高中三个层次的教育类型也得出了相似结论，即教育层次越高对影子教育的需求越小。另外，相关研究还得出，经济发展程度（Dang，2007；Silova，2010；曾满超等，2010；Song，2013）、学校教育质量（Bray & Kwok，2003；薛海平和丁小浩，2009；Kim & Lee，2010）、家庭社会经济背景（Bray & Kwok，2003；Yamamoto & Brinton，2010；薛海平，2015）以及学生成绩（Baker et al.，2001；Choi，2012）都存在不同程度的影子教育参与差异。

第二，影子教育参与的影响因素分析。翁秋怡（2017）综述了当前影子教育的相关研究进展，认为影子教育的需求和供给一方面受到宏观因素的影响，另一方面微观因素的作用也十分重要，现有文献主要针对后者开展的研究相对较多，这些微观因素解释了不同家庭影子教育需求的异质性。个人层面的研究给出，成绩越好的学生更有可能参与影子教育（Kim & Lee，2010；Choi，2012；薛海平，2015），侧面显现出影子教育延伸和强化了学校教育不平等程度。另外，还有学者开展了影子教育的个体性别差异研究（Bray et al.，2014）以及家庭或个体期望的作用（李佳丽等，2016）。学校层面主要关注教师数量和质量，学校类型和层级以及利用教育相关政策形成的自然实验开展研究（钱国英和唐丽静，2009；Dang & Roger，2008；Kim & Lee，2010）。关于家庭层面的研究最为广泛，几乎所有相关研究都将家庭因素作为主要分析方向，布雷等（Bray et al.，2014）利用中国香港的问卷调查数据，分析得出，家庭收入每变动1%，家庭影子教育支出同向变动0.067%，基于资源稀释理论而纳入的同辈数量也产生一定的影响。薛海平和李静（2016）利用中国教育追踪调查数据进行了实证研究，结果表明，拥有家庭资本较高的群体将获得学校教育和影子教育双重优势，进而导致教育的社会分层，最终加剧阶层固化程度。此外，部分学者也从宏观角度进行了探讨（Ha & Harpham，2005），但数量有限。例如，贝克尔等（Baker et al.，2001）指出，国家的公共教育支出占国内生产总值的比例和毛入学率越高，影子教育参与比例越小。

第三，影子教育对教育结果的影响研究。就现有文献来看，一方面影子教育存在不同度量方式（是否参与影子教育、学生参与影子教育的时间以及影子教育支出），另一方面教育结果一般以个体受教育年限和在校成绩来衡量。基于此，学者们开展了影子教育对教育结果的影响研究，但所得结果和结论存在差异，影子教育是否对提升教育结果具有促进作用目前并未达成共识。布瑞格斯（Briggs，2001）利用美国 1990~1992 年数据得出市场化的考试准备课程对不同类型课程的成绩产生效果并不一致，但对大部分课程成绩的提高起到正向作用。同样，布克曼（Buchmann，2002）对肯尼亚在校生进行了研究，其认为影子教育提升了学生成绩并显著降低留级可能，或是存在负向影响（Suryadarma et al.，2006）。近年来，中国学者对此也开展了相应的研究（薛海平等，2014；胡咏梅等，2015；李佳丽等，2016；薛海平，2018），他们更多的是结合微观因素探讨影子教育在教育结果公平方面存在的异质性。例如，李佳丽和胡咏梅（2017）以留守和流动儿童为对象，并将影子教育分为一对一和辅导班两种形式，研究得出不论何种形式的影子教育，家庭经济水平高的学生参与的概率更大等结论，据此给出有效利用影子教育会缩小教育结果的不均等的结论。

2.5 文献评述

目前，我国政府依然在为实现教育公平作出持续努力。通过上述文献回顾，我们可以发现，关于公共教育财政和我国教育公平相关问题的研究还存在如下有待突破之处。

第一，总体来说，已有很多研究者从教育财政投入角度研究了资源配置差异，并以此反映教育公平情况（薛二勇，2012；古建芹，2014），关于基于公共教育财政投入的教育公平测度理论和方法也已相对成熟，运用也十分广泛。首先，从指标计算的数据来源上看，大多数研究基于省级数据或针对某一省份进行教育公平的判断，而几乎没有基于我国全面的县级教育财政数据的研究，本书将在此进行拓展；其次，基于县级教育财政数据进行的教育财政投入差异分解文献同样寥寥可数，显然对于教育公平的区域差异化研究也是不充分的；最后，大多数文献从财政支出角度进行的教育财政指标选取，而财政支出是资金具体流向，对于教育财政投入差异引致的教育不公平问题需要从资金来源角度加以考虑，本章将从来源角度出发，选取恰当投入指标，从教育财政投入角度测度不平等程度，开展我国公共教育财政的分配差异性研究。

第二，从以我国教育财政资源空间均衡配置来反映教育公平的相关研究来看，主要集中在省际、县际和城乡三个层面，其得出的结论基本表明教育财政资源的空间差距依然存在。综述过程中我们发现，首先，在所有历史研究中，对我国区域间教育发展差异动态演变趋势的关注相对较少且多以统计性分析为主。受统计性分析特征的影响，针对教育区域发展差异动态演变趋势进行的分析，其过程与结论并不十分精细且存在较强的主观性，而作为准确研究动态演变趋势有力工具的收敛性分析，目前在我国教育发展差异动态演变趋势研究的运用上还比较少。其次，大多研究关注某种教育类型，如现有文献体现了教育财政对义务教育公平的更广泛的关注，本书将扩大研究范围，结果可能更加具有意义。

第三，就现有文献来看，首先，关于教育财政对高等教育机会不平等主要集中于数量层面的描述，缺乏实证，尽管高等教育发展成本分担是当下发展趋势，但作为一种良性的准公共产品，公共教育财政经费仍是我国高等教育发展的重要基础和物质保障（李立国，2014；王杰茹，2017）。根据李煜（2006）提出的政策干预模式，政策干预会削弱家庭背景对入学机会的影响以及干扰代际不平等的长期传递。国家公共财政性教育经费投入是政府政策干预的一个重要方面（李文利，2006），它将直接或间接地影响到微观个体的教育决策，从而改变机会不平等的群体差异；其次，文献一般从宏观角度对高等教育机会来进行衡量，如入学率、招录比等，从微观个体角度进行的分析较少；最后，研究者往往将教育财政投入作为影响高等教育机会公平的一个独立方面加以考虑，而教育财政投入往往受到政策以及区域差异的影响，对于它们之间的交互作用分析较为薄弱，本书后续将继续扩展此方面的研究，讨论公共教育财政与教育起点公平相关问题。

　　第四，探讨公共教育财政与教育结果的文献并不多见，基于影子教育角度的研究更寥寥可数。但是，微观因素作用于影子教育和教育结果的文献十分充分，影子教育对教育结果产生影响的结论虽不一致，但也有丰富的研究成果。从综述中不难看出，微观因素、影子教育和教育结果三者之间存在强烈的关联，在控制微观因素后，影子教育似乎可以为弱势群体提供更加公平的竞争环境，达到公平的教育结果，但市场化的影子教育非公平性获得又是无法实现教育结果公平的关键障碍，因而，在从影子教育视角探讨教育公平性问题时，我们需要同时考虑到教育获得和教育效果（翁秋怡，2017），而很少有研究开展相应的机制探讨，就现有文献来看，仅薛海平（2018）对此进行了讨论，本书将在此基础上进行更进一步的研究。另外，几乎没有文献考虑到宏观因素，尤其是国家教育财政投入在教育结果公平方面发挥的作用。袁诚等（2013）认为，加大教育财政投入之所以能够降低家庭背景对学生学业成就的影响，主要是由于教育财政投入对家庭教育支出具有替代效应，有利于缓解家庭在校外补习和教育支出上的过度竞争。陈纯槿和郅庭瑾（2017）探讨了教育财政投入能否有效降低教育结果不平等，但未从影子教育的中介角度开展讨论。与学校正规教育不同的是，影子教育具有成本高且收益不确定的特征。基于理性选择理论，家庭对教育的投资会同时考虑到以上两个方面，若影子教育特征约束家庭教育投资的自由决策，那么国家教育财政是否会在其中起到调节？本书将在此进行扩展，探讨公共教育财政与教育结果相关问题。

第3章　公共教育财政的分配差异性研究

　　教育作为一种人力资本是任何国家社会经济持续发展的先决条件之一，对于人口众多和具有巨大结构差异的中国来说，更是受到了广泛的关注。发展教育一直被我国视为一项基本国策，为保障各类人群达到本应满足自身需求的合理教育水平，教育公平的实现是其中的关键方面。党的十九大报告在构成新时代坚持和发展中国特色社会主义的十四条基本方略中提到，要在发展中补齐民生短板、促进社会公平正义，在幼有所育、学有所教等方面取得新进展，要优先发展教育事业，推进教育公平，努力让每个孩子都能享有公平而有质量的教育。可见，把握目前中国教育公平发展现状，研究教育公平相关问题在宏观层面上具有重要意义。

　　教育公平实现过程是多维的，也是长期的，如何保障高效合理地完成这一阶段是政府需要思考的关键问题。我国政府的系列教育政策在一定程度上对教育公平的实现起到了重要作用，如20世纪80年代以来的义务教育的广泛普及，以及90年代末期高等教育的扩张等。当然，任何政策的实施若未充分基于可靠的现状考察，将有可能产生有违预期的结果，致使政策达不到显著效果，教育领域也不例外。政府为保障教育公平的实现，最基础的措施便是进行教育相关的资源投入，教育财政投入作为实现教育公平的重要手段，其不仅是教育过程公平的体现，也影响着教育结果和教育质量。目前，我国的教育资源仍然属于有限的稀缺性公共

资源，由于发展起点低、需求基数大以及配置效率差等特点，教育财政
资源在区域、城乡、阶层和不同类型教育之间都存在着不合理之处。因
此，深刻掌握政府教育财政资源配置现状，将为教育财政投入的合理性
提供科学指导，为教育公平实现打好现实基础。

　　目前来看，关于教育财政投入差异引致的我国教育公平问题已有相
当充分的文献进行了全方位探讨。然而，本章对过往文献的整理后发现
了以下几点有待突破之处：首先，从基于教育财政的教育公平指标计算
数据来源上看，大多数研究利用的是省级数据或针对某一省份进行教育
公平的测度和现状描述，而几乎没有基于我国全面县级教育财政数据的
研究，在我国"以县为主"的教育财政投入制度下，此类研究将无法得
出更加深入的结论，本章将在此进行拓展；其次，基于县级教育财政数
据进行的教育财政投入差异分解文献同样寥寥可数，显然对于教育公平
的区域差异化研究也是不充分的；最后，大多数文献是从财政支出角度
进行的教育财政指标选取，而财政支出是资金具体流向，对于教育财政
投入差异引致的教育不公平问题需要从资金来源角度加以考虑，本章将
从来源角度出发，选取恰当投入指标，开展我国公共教育财政的分配差
异性研究。总体上看，本章从数据指标、研究对象和研究范围多方面对
现有文献进行扩展，力求深化结论，为我国合理配置教育财政资源，以
实现教育公平提供可行指导。

3.1　模型构建及分解方法

　　在众多不平等的测度方法中，基尼系数是较为理想的指标之一。针
对不同的研究目标，基尼系数计算模型的构建方法不同，在现有研究中，
测度方法主要可以归纳为两个方面：一种是基于矩阵运算；另一种是基
于秩和协方差。本章将在姚（Yao，1999）提出的方法基础上开展系数的
测度和分解，通过教育投入不平等状况进行中国教育公平现状及差异化
研究。

3.1.1 模型构建

为测度某一指标在所涉及对象中的分布差异程度，通常都可以利用基尼系数的数值大小进行判断。在此，我们假设研究总体被划分为 n 组（可以是个体数据、均匀或不均匀分组数据），记为 W_i，m_i 和 P_i 分别表示为第 i 组的考察指标总量比重，第 i 组的考察指标人均量和第 i 组对象数量比重（$i=1,2,\cdots,n$），则根据基尼系数几何定义表达方式，测度模型如下：

$$G = 1 - \sum_{i=1}^{n} P_i (2Q_i - W_i) \qquad (3-1)$$

其中，$Q_i = \sum_{k=1}^{i} W_k$ 为考察指标的累计份额。在后续研究中，本章利用该模型进行测度。具体地，W_i 代表第 i 组教育财政相关指标比重，m_i 代表第 i 组其生均量，P_i 为第 i 组学生人数比重，计算之前需要对 m_i 进行升序排列。

3.1.2 分解方法

1. 按经费来源分解

姚（Rao，1969）在收入分配不平等研究过程中首次将基尼系数按收入来源进行了分解，为探求不同收入类型对总收入分配的贡献和差异提供了一个可行的方法。在此，我们假设所考察指标可被分解为 F 项，则 G_f 为第 f 项分项指标的基尼系数，记 W_{fi} 为第 f 项分项收入的第 i 组收入份额，m_{fi} 代表其人均量，P_i 为第 i 组对象数量比重，C_f 被定义为第 f 项分项指标的集中率，其代表分项指标对总指标差异的贡献程度，表达式如下：

$$C_f = 1 - \sum_{i=1}^{n} P_i (2Q_{fi} - W_{fi}) \qquad (3-2)$$

其中，$Q_{fi} = \sum_{k=1}^{i} W_{fk}$ 为考察指标的累计份额。具体地，W_{fi} 代表第 f 项教育财政相关指标的第 i 组比重，m_{fi} 代表第 i 组其生均量，P_i 为第 i 组学生人数比重，计算集中率进行的排序规则是按照总指标的人均量升序排列。

在集中率的计算基础上，我们可将总指标基尼系数进行加权分解，如下：

$$G = \sum_{f=1}^{F} W_f C_f \qquad (3-3)$$

其中，$W_f = u_f/u$，u_f 和 u 分别为总人口中第 f 项分项收入以及总指标和。通过判断分项集中率和总指标基尼系数的数量关系，可以了解总项指标在全部人口分布差异变化的具体来源及大小。

2. 按区域特征分解

皮亚特（Pyatt，1976）利用博弈理论和矩阵代数方法严格证明了基尼系数在不同群体下的分解公式，即总体基尼系数 G 由组内基尼系数 G_{intra}、组间基尼系数 G_{inter} 和剩余交叠项 $G_{overlap}$ 组成（$G = G_{intra} + G_{inter} + G_{overlap}$）。在教育投入不平等模型基础上，本章进一步对其进行分解，具体分解步骤如下：

第一步，通过公式计算得出考察指标的基尼系数 G。

第二步，对于组间差异 G_{inter}：

$$G_{inter} = 1 - \sum_{I=1}^{K} P_I(2Q_I - W_I) = 1 - \sum_{I=1}^{K} P_I \left(2\sum_{s=1}^{I} W_s - W_I \right) \qquad (3-4)$$

其中，K 为所分类的群体个数，P_I 和 W_I 分别代表第 I 个群体对象的数量比重和考察指标总量比重。

第三步，对于总组内差异 G_{intra}：

$$G_{intra} = \sum_{I=1}^{K} W_I P_I G_I \qquad (3-5)$$

其中，G_I 代表第 I 个群体的组内差异，计算方法同总体基尼系数。

第四步，最后得出剩余交叠项 $G_{overlap} = G - G_{inter} - G_{intra}$。最终，通过 G_{inter}、G_{intra}、G_{inter}/G 和 G_{intra}/G 的数量大小和时序变化，可以掌握不同区域的群组差异表现情况。

3.2　我国教育财政投入差异测度

教育财政经费投入是国家教育发展的保障，也是实现教育公平的重要前提。经费投入不仅要在总量上满足各级各类教育的需要，也要保证其资金使用的有效性以及分配结构的合理性，而后者是推动当前教育发展的关键因素。在我国，实行的是"以县为主"的教育财政投入制度，因此，从县级层面数据考察教育投入空间分布差异更加客观现实。我们将利用上节构建的测度和分解模型，深入探究我国当前教育财政投入空间发展水平和差异所在。

3.2.1　指标选取及数据来源

按照教育经费统计的科目划分，教育经费投入总量来源于不同部门，大类上包含了国家财政性教育经费、民办学校中举办者投入、捐赠收入、事业收入以及其他教育经费五类。从《中国教育经费统计年鉴 (2017)》中可以看到，2016 年我国教育经费总投入达 38888 亿元，其中国家财政性教育经费占比为 80.73%，而民办学校中举办者投入、捐赠收入、事业收入和其他教育经费分别占比 0.52%、0.21%、16.14% 和 2.39%。可见，从数量上来看国家财政对教育投入占有很大比重且具有稳定性，是保障教育发展的关键经费来源。从国家财政性教育经费更细的科目划分来看，2016 年公共财政预算安排的教育经费占国家财政教育经费总量的 97.95%（其中，公共财政教育经费占公共财政预算安排的教育经费达 90.07%，教育事业费占公共财政教育经费达 83.64%）。因而，公共财政预算安排的教育经费是当前国家财政性教育经费投入的主要贡献单元，本章在此将其作为教育投入空间差异分析的指标。另外，计算过程涉及全国各县历年高等教育学生数的计算，年平均学生数计算公式为：

$$年平均学生数 = (年初学生数 - 年初函授夜大学生数/3) \times (2/3)$$
$$+ (年末学生数 - 年末函授夜大学生数/3) \times (1/3)$$

$$(3-6)$$

本章的全国县级教育经费数据来源于全国教育财政经费信息系统数据库，由于 2013 年及之前年份未统计相关指标的市本级数据，为全面考察政府教育财政投入整体差异情况，我们将样本区间设定为 2014 ～ 2016 年，直接提取和计算上述所需指标。经过数据清洗剔除全国合计数、省（区、市）合计数及其本级合计数、地市合计数以及当年缺失学生数的县样本，最终得到我国 31 个省（区、市）的县级样本，基本情况见表 3 - 1。

表 3 - 1　　　　　　　　2014 ～ 2016 年全国县样本数量　　　　　单位：个

区域	2014 年	2015 年	2016 年	区域	2014 年	2015 年	2016 年
全国	3556	3568	3572	河南	209	216	218
北京	17	17	17	湖北	138	134	133
天津	17	17	17	湖南	153	154	155
河北	210	209	208	广东	165	167	168
山西	136	138	138	广西	134	134	134
内蒙古	118	119	120	海南	23	27	27
辽宁	133	133	132	重庆	41	41	41
吉林	82	81	83	四川	221	221	221
黑龙江	166	166	165	贵州	107	107	105
上海	18	18	17	云南	151	151	151
江苏	128	127	126	西藏	81	81	83
浙江	110	111	111	陕西	129	130	131
安徽	135	135	134	甘肃	102	102	102
福建	101	101	102	青海	54	54	54
江西	131	131	131	宁夏	25	25	25
山东	195	194	196	新疆	126	127	127

注：本章通过筛选剔除了部分县级样本（2014 年全样本量为 3561 个，剔除样本占比 0.14%；2015 年全样本量为 3580 个，剔除样本占比 0.34%；2016 年全样本量为 3592 个，剔除样本占比 0.57%），其中未考虑部分省（区、市）在所考察年份撤县设市或市降县等政府政策行为，在教育财政投入分配差异的计算中，该行为不会对计算结果产生偏差性影响。

资料来源：全国教育财政经费信息系统数据库。

3.2.2　全国教育财政投入差异测度

通过教育财政投入差异分析模型的计算，本章测度了基于县级经费数据的 2014～2016 年的全国教育投入基尼系数（见表 3 - 2）。

表 3 - 2　　　　　2014～2016 年全国教育投入基尼系数

年份	基尼系数
2014	0.3018
2015	0.2935
2016	0.2929

从表 3 - 2 可以看出，公共财政预算安排的教育经费基尼系数从 2014 年的 0.3018 下降到 2016 年的 0.2929，降幅达 2.93%，基尼系数数值在各考察年份中逐年降低，表明全国县级教育经费配置均衡程度存在提升。另外，考虑到不同层级指标内涵及指标内部结构差异，我们还计算了 2014～2016 年公共财政教育经费和教育事业费的经费投入基尼系数（见图 3 - 1）。

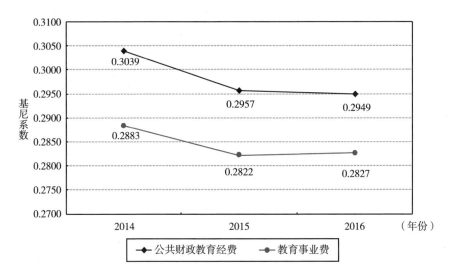

图 3 - 1　2014～2016 年公共财政教育经费和教育事业费基尼系数

公共财政教育经费和教育事业费的配置差异相对稳定，除后者在2016年小幅上升外，公共财政教育经费配置差异逐年下降，整体经费分配均衡情况趋于良好，这为基层教育公平的实现起到了保障和促进作用。具体地，图3-1中公共财政教育经费从2014年的0.3039下降到0.2949，降幅达2.96%，由于公共财政教育经费是公共财政预算安排教育经费的分项指标，由此说明，全国县级层面的教育财政投入在二者之间的纵向分配差异保持一致。教育事业费是国家用于发展社会各种教育事业，特别是义务教育事业的重要教育投入。从教育事业费的经费投入基尼系数来看，虽然其整体降幅较小（1.97%），但相对其他指标，教育事业费投入总体差异水平最低，表明目前国家财政在县级层面教育事业发展中的经费配置相对均衡。

3.2.3 省域教育财政投入差异测度

基于县级数据测度的全国教育财政投入均衡程度能从宏观上把握当前教育经费总体分布的现实状况。然而，由于我国行政区划较多，各行政区域由于经济、文化等背景具有差异，教育发展基点和程度并不相同，地方政府对中央拨入教育财政也将存在不同的分配方式。由此，本章基于县级教育财政数据分别计算了全国各行政区划的教育财政投入分配情况。表3-3给出了我国31个省（区、市）公共财政预算安排的教育经费分配差异计算结果。

表3-3 2014~2016年公共财政预算安排教育经费区域分配差异情况

区域	2014年	2015年	2016年	区域	2014年	2015年	2016年
全国	0.3018	0.2935	0.2929	河南	0.1806	0.1887	0.1792
北京	0.1265	0.0953	0.1165	湖北	0.2085	0.2213	0.2509
天津	0.1630	0.1794	0.1586	湖南	0.2030	0.1896	0.1801
河北	0.2055	0.1876	0.1921	广东	0.2736	0.2603	0.2691
山西	0.1737	0.1878	0.1856	广西	0.1977	0.2084	0.1953
内蒙古	0.2130	0.1841	0.1821	海南	0.1997	0.1568	0.1872

续表

区域	2014 年	2015 年	2016 年	区域	2014 年	2015 年	2016 年
辽宁	0.2486	0.1931	0.1930	重庆	0.1453	0.1202	0.1155
吉林	0.1708	0.1581	0.1813	四川	0.1659	0.1615	0.1551
黑龙江	0.1681	0.1431	0.1481	贵州	0.1445	0.1360	0.1396
上海	0.1364	0.1636	0.1684	云南	0.1708	0.1645	0.1536
江苏	0.1920	0.2105	0.2285	西藏	0.1571	0.1569	0.1590
浙江	0.1891	0.1900	0.1856	陕西	0.2203	0.2021	0.1903
安徽	0.2179	0.1987	0.1856	甘肃	0.1413	0.1503	0.1455
福建	0.1827	0.1841	0.1866	青海	0.2187	0.1830	0.1656
江西	0.1460	0.1291	0.1258	宁夏	0.0902	0.1055	0.1178
山东	0.2653	0.2658	0.2664	新疆	0.1910	0.1805	0.1770

总体来看，经费配置的组内差异不仅绝对水平较低而且还存在逐年缩小的发展态势，可见全国不同区域内部的经费配置均衡程度在 2014 ~ 2016 年的考察阶段得到了显著提高。具体来看，我国省域教育财政投入状况呈现如下特征。

第一，各省域组内差异绝对水平普遍较低，区域内教育财政经费配置相对均衡。2014 ~ 2016 年，教育经费基尼系数最低为 0.0902，最高为 0.2736。全国各地区公共财政预算安排的教育经费分配的组内差异在各年均低于全国总体水平。

第二，教育财政经费投入差异存在明显的聚集特征。虽然各区域内部经费分配差异较小，但从表 3 - 3 可以发现，不同区域公共财政预算安排的教育经费分配情况具有差异。本章在此根据基尼系数数值大小将其设定为四档：（0.10，0.15]、（0.15，0.20]、（0.20，0.25]、（0.25，0.30]，分别代表经费的高、中高、中低和低四种均衡配置程度。在所定义的经费配置等级划分下，表 3 - 4 给出了 2014 ~ 2016 年公共财政预算安排教育经费的全国各区域分布情况。"低均衡"和"高均衡"包含区域相对稳定，山东和广东两地的经费配置始终处于相对较低的均衡配置状态，部分地区如北京、重庆、江西、贵州、宁夏均衡程度则一直较高。相对而言，多数区域集中在经费配置的"中高均衡"和"中低均衡"等级，尤其是"中高均衡"包含区域逐年增多（从 2014 年：14 个；2015 年：19 个；2016 年：20 个），其中大部分来源于"中低均衡"区域在经费配置均衡上的提升。

表 3 - 4　　　　　　2014～2016 年各区域经费配置分布情况

均衡等级	2014 年	2015 年	2016 年
0.10～0.15	北京、上海、甘肃、贵州、重庆、江西、宁夏	北京、贵州、重庆、江西、黑龙江、宁夏	北京、贵州、重庆、江西、黑龙江、宁夏、甘肃
0.15～0.20	西藏、天津、四川、黑龙江、吉林、云南、山西、河南、福建、浙江、新疆、江苏、广西、海南	甘肃、海南、西藏、吉林、四川、上海、云南、天津、新疆、青海、福建、内蒙古、河北、山西、河南、湖南、浙江、辽宁、安徽	海南、西藏、吉林、四川、上海、云南、天津、新疆、青海、福建、内蒙古、河北、山西、湖南、浙江、辽宁、安徽、河南、陕西、广西
0.20～0.25	湖南、河北、湖北、内蒙古、安徽、青海、陕西、辽宁	江苏、陕西、广西、湖北	江苏
0.25～0.30	山东、广东	山东、广东	山东、广东、湖北

3.3　我国教育财政投入差异分解

基于县级教育财政数据的测度及现状分析可知，目前我国教育财政投入总体上相对均衡，省内差异并不巨大。为探究总体差异究竟如何产生，本部分我们将进一步开展我国教育财政投入差异的来源分解和区域分解研究。

3.3.1　教育财政经费投入差异的来源分解

本章所选取的"公共财政预算安排的教育经费"投入指标主要来源

于教育事业经费、基本建设经费、教育费附加、科研经费和其他。依据基尼系数,按收入来源分解模型式(3-3),首先我们按"公共财政预算安排的教育经费"对全国县级样本进行排序,进而计算各分项经费来源的集中率,需要强调的是2015年经费来源增加了"地方教育附加"和"从土地出让收益中计提的教育资金"两项经费投入来源,我们在此也将其列入表注中,各年教育投入经费来源分项集中率见表3-5。

表3-5　　　　　　2014~2016年教育投入经费来源分项集中率

经费项目	2014 年	2015 年	2016 年
教育事业费	0.2795	0.2736	0.2736
基本建设经费	0.5322	0.5410	0.5744
教育费附加	0.4816	0.4694	0.4522
科研经费	0.9332	0.9490	0.9338
其他	0.3094	0.2965	0.3031

注:2015年新增"地方教育附加"和"从土地出让收益中计提的教育资金"两项经费投入来源,其集中率分别为0.3699和0.3359。

教育财政投入来源分项集中率代表的是分项指标对"公共财政预算安排的教育经费"总指标差异的贡献程度。从表3-5中可以看出,科研经费集中率在各年均最大且接近于1,表明其对教育财政投入在全国县级层面的分配差异贡献程度最高。由于科研经费投入对象主要针对高等教育,显然高等学校在县级层面本就存在巨大的分布差异,因而该指标对总体差异贡献程度远超其他指标的结果不难理解。另外,教育事业费、基本建设经费、教育费附加和其他四项指标的集中率在各年均保持稳定,其中基本建设经费对总差异的贡献程度最大,教育费附加和其他次之,教育事业费贡献程度最小。

基于教育投入经费来源分项集中率和分项经费占比(见表3-6),通过模型式(3-3)可将"公共财政预算安排的教育经费"总指标差异进行分解(见表3-7)。

表 3 - 6　　　　　2014～2016 年教育投入来源分项经费占比

经费项目	2014 年	2015 年	2016 年
教育事业费	0.8431	0.8404	0.8436
基本建设经费	0.0216	0.0166	0.0187
教育费附加	0.0657	0.0564	0.0534
科研经费	0.0024	0.0029	0.0027
其他	0.0671	0.0733	0.0816

注：2015 年新增"地方教育附加"和"从土地出让收益中计提的教育资金"两项经费投入来源，其集中率分别为 0.0068 和 0.0037。

表 3 - 7　　　　　2014～2016 年教育财政投入总差异分解

年份	总差异	教育事业费	基本建设经费	教育费附加	科研经费	其他
2014	0.3018	0.2356	0.0115	0.0316	0.0023	0.0208
2015	0.2935	0.2299	0.0090	0.0265	0.0027	0.0217
2016	0.2929	0.2308	0.0108	0.0241	0.0025	0.0247

注：2015 年新增"地方教育附加"和"从土地出让收益中计提的教育资金"两项经费投入来源，对应集中率和分项经费占比乘积结果分别为 0.0025 和 0.0012。

通过比较 2014～2016 年总指标基尼系数和各来源分项集中率，可以判断出公共财政预算安排的教育经费在县级层面的总体差异具体来源情况。具体地，在不同年份中，基本建设经费、教育费附加、科研经费和其他（2015 年还包含地方教育附加和从土地出让收益中计提的教育资金）的分项集中率均大于当年总体基尼系数，也就是说上述指标对总投入差异起到了扩大作用，而各年份的教育事业费集中率均小于总体基尼系数，因此在县级层面的教育财政投入差异中教育事业费的均衡投入将能够缓解总体投入的非均衡水平。

3.3.2　教育财政经费投入差异的区域分解

整体来看，教育财政经费投入总差异将依赖于组内差异、组间差异以及剩余项差异的水平大小。本章在此首先将全国每个省（区、市）看作一个分组单位，共计 31 个，进而依据基尼系数按区域特征分解模型，我们可以得到 2014 ~ 2016 年总组间差异、组间差异和剩余项差异具体结果（见表 3 - 8）。

表 3 - 8　　　　　　　2014 ~ 2016 年教育财政经费差异的省域分解

年份	总差异	总组内差异	组间差异	剩余项差异
2014	0.3018	0.0087	0.2106	0.0825
2015	0.2935	0.0085	0.2046	0.0804
2016	0.2929	0.0087	0.2034	0.0809

注：总组内差异由各省（区、市）组内差异加权获得，组内差异由第三部分的表 5 - 3 获取，加权权重为各组县样本数占比和教育财政经费投入占比乘积，具体通过公式（3 - 5）计算。

通过各分解项差异与总差异的相对比值，可以判断差异分解的来源及大小。从横向上来看，2014 年总组内差异和剩余项差异分别为 0.0087、0.0825，共占总差异的 30.22%，组间差异为 0.2106，占总差异的 69.78%；2015 年总组内差异和剩余项差异分别为 0.0085、0.0804，共占总差异的 30.29%，组间差异为 0.2046，占总差异的 69.71%；2016 年总组内差异和剩余项差异分别为 0.0087、0.0809，共占总差异的 30.57%，组间差异为 0.2034，占总差异的 69.43%。因而，在所考察年份当中组间差异对总差异贡献程度远超另外两项，是总差异形成的重要来源，结果由图 3 - 2 可以更直观地看出。

从纵向上来看，总的组内差异在 3 年间基本保持不变且数值较小，这与各地区组内差异计算结论一致，即在 2014 ~ 2016 年，基于县级数据计算的教育财政投入各省内差异和省际总差异几乎不对全国教育财政投入差异造成显著影响，而剩余项差异同样维持稳定且相对总组内差异贡献较大。另外，从表 3 - 8 可以明显看出，组间差异逐年缩小，降幅达 3.14%，对总差异形成促减效应，由此说明，我国省际教育财政投入区域均衡程度正不断增加。

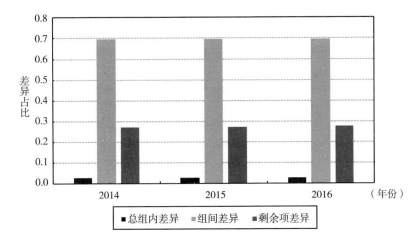

图3-2　经费来源分项差异各年占比情况

3.3.3　教育财政经费投入差异的群组特征及分解

基于县级教育财政经费数据，以上结果给出了全国各省（区、市）经费投入总差异的分解情况。然而，国家教育财政经费投入会依据不同地域的教育发展水平开展实施，发展程度相似的区域可能存在经费投入和学生容纳的共性，如中央的教育财政投入一方面可能会更多地分布到边际教育收益较高的群组；另一方面为发展边际收益较低群组的教育事业，其投入水平可能也不一定较低。群组特性将影响教育投入分布情况，为此我们需要掌握教育财政经费投入差异的群组特征以及群组内部和群组间的经费分配差异，为进行更高效的教育财政经费投入提供指导。

本章在此按照我国目前的群组划分，将全国划分为东中西三个部分，分别为东部群组（包含11个地区：北京、天津、河北、辽宁、上海、江苏、浙江、福建、山东、广东、海南）、中部群组（包含8个地区：山西、吉林、黑龙江、安徽、江西、河南、湖北、湖南）和西部群组（包含12个地区：内蒙古、广西、重庆、四川、贵州、云南、西藏、陕西、甘肃、青海、宁夏、新疆）。此外，我们同样选取的是公共财政预算安排的教育经费指标来进行考察。表3-9给出的是三大群组2014~2016年公共教育经费指标总量以及当年学生人数基本情况。

表 3 - 9　　　　　2014~2016 年公共教育经费及学生人数基本情况

群组	2014 年		2015 年		2016 年	
	教育经费（亿元）	学生人数（万人）	教育经费（亿元）	学生人数（万人）	教育经费（亿元）	学生人数（万人）
东部	10076	8820	11609	8957	12493	9090
中部	5013	6982	5840	7116	6277	7122
西部	5834	6535	6886	6597	7450	6631

资料来源：东部、中部、西部群组 2014~2016 年公共教育经费指标总量以及当年学生人数基本情况。

　　可见，在所考察年份中，三大群组的公共财政预算安排的教育经费逐年增加，东部群组从 2014 年的 10076 亿元增长到 2016 年的 12493 亿元，中部群组从 2014 年的 5013 亿元增长到 2016 年的 6227 亿元，西部群组从 2014 年的 5834 亿元增长到 2016 年的 7450 亿元。从绝对量来看，国家对东部群组的教育财政投入力度最大，西部群组次之，东部群组最少；从涨幅来看，西部群组涨幅最大（27.70%），中部群组次之（25.22%），东部群组最小（23.98%）。考虑到学生人数，三大群组的生均教育投入也呈现逐年增加的态势，且群组间排序和涨幅同总量指标一致。

　　通过上述对群组的教育经费投入基本情况的描述性分析中，我们大致可以得出如下结论：第一，东部群组由于本身基础条件好，教育发展资源禀赋高，相较另外两个群组，国家教育财政投入水平明显较高，数据表明，考察年份的教育经费投入几乎是同年中部和西部群组的两倍，这将更有助于其发挥边际收益高的特点；第二，国家并未因为西部群组的发展水平而降低教育财政投入，相反，不论从总教育经费指标还是生均教育经费指标来看，西部群组都仅次于东部群组，反映出国家对西部教育的大力支持。直观上，国家教育财政对三大群组的投入具有以上特征。本章将计算东中西群组的教育财政投入的具体差异，更进一步地反映教育财政经费投入差异的群组特征。

　　同样，我们基于不同群组内各县的教育财政投入数据，测度了 2014~

2016 年东、中、西部的投入差异程度并将全国总差异按照相应群组进行了分解，具体测度结果见表 3 - 10。

表 3 - 10　　2014 ~ 2016 年公共财政预算安排的教育经费群组分配差异情况

群组	2014 年	2015 年	2016 年
东部	0.3541	0.3365	0.3417
中部	0.2371	0.2538	0.2525
西部	0.2824	0.2654	0.2586

总体来看，2014 ~ 2016 年三大群组的教育财政经费投入差异保持相对稳定。其中，相比中部和西部群组，东部群组的教育财政经费投入分配差异最大，各年均超过全国总差异水平（2014 年，0.3018；2015 年，0.2935；2016 年，0.2929），是教育经费投入总差异形成的主要贡献单位，西部次之，中部最小且二者各年差异均在全国总差异之下，是平衡总差异的主要群组来源。另外，东部和中部群组差异在时间序列上存在小幅波动，而西部群组的教育财政经费投入差异逐年减小，这表明国家近年来对西部教育财政投入均衡分配所作的努力具有效果和意义。表 3 - 11 在对群组教育财政经费投入差异测度的基础上开展了进一步的分解工作。

表 3 - 11　　2014 ~ 2016 年公共财政预算安排的教育经费分配差异群组分解

年份	总差异	总组内差异	组间差异	剩余项差异
2014	0.3018	0.1081	0.1038	0.0899
2015	0.2935	0.0963	0.1009	0.0963
2016	0.2929	0.1050	0.0976	0.0904

与省域分解结果不同的是，本章在对教育财政经费投入差异进行群组分解后可以发现，2014 ~ 2016 年总差异几乎均衡地来源于总组内差异、组间差异和剩余项差异，不存在某一分项差异占比较大的情况，说明东中西群组内和群组间差异时间上保持一致，二者在各年的总贡献分别为 70.22%、67.19% 和 69.15%。另外，总的组内差和剩余项差异在 3 年间基本保持不变且数值较小，而组间差异逐年下降，这与省域分解结果相

似，同样说明群组组间差异缩小是造成教育财政经费投入差异下降的主要因素。

| 3.4 本章小结 |

教育财政经费投入是实现教育公平的前提，而经费投入的均衡配置是保障教育均衡发展关键。本章基于姚（1999）提出的收入不平等测度和分解方法，利用我国2014~2016年的县级数据，对教育财政投入差异进行了全面的空间测度，并对测度指标进行了差异分解，主要得出如下结论。

首先，基于县级数据的差异测度结果表明，教育财政经费投入在全国县级层面分配差异较小，若以收入分配基尼系数测度的0.4警戒线为判断依据，所考察年份均在警戒线以下，说明教育财政经费分配总体均衡。同时，从时间序列展现的数值上来看，整体差异程度降幅虽然较小（2.93%）但仍具有下降趋势，表明全国县级教育经费配置均衡程度存在提升。

其次，在省域教育财政经费投入分配差异的测度中，本章计算得出中国31个省份2014~2016年的经费分配差异程度同样较小，相比全国总体测度结果，区域内教育财政经费配置更加均衡。但是，不同地区间的差异程度存在分别，按照本章设定的四档标准，可以看到，"高均衡"和"低均衡"两档包含的地区相对稳定，如北京、重庆均衡程度一直处于高位，而广东、山东则相反。另外，大部分地区教育财政经费分配差异程度均集中在"中高均衡"和"中低均衡"两档，且随着时间变化，后者中的地区均衡程度不断提升并进入更高层次均衡水平。

最后，从教育财政经费投入差异分解上本章得出了更多结论。一是通过对经费投入差异的来源分解，我们得出在所考察的"公共财政预算安排的教育经费"指标下，科研经费对总差异贡献程度最大，其原因书中已具体给出，教育事业费的经费投入占比最大，从经费投入支出方面来看，其主要用于各级各类学校的人员经费和公用经费，具有重大作用。分解结果表明，相比其他来源分项指标，教育事业费投入差异贡献程度最小，但是起到缓解总体教育经费投入非均衡水平的唯一指标。二是通过对经费投入差异的省域分解，我们将教育财政经费总差异分解为组间差异、总组内差异和剩余项差异三项。结果表明，基于县级数据计算的教育财政投入总差异主要来源于组间差异的贡献，总组内差异几乎不对全国教育财政投入差异造成显著影响。同时，2014～2016 年组间差异逐年缩小，对总差异形成促减效应，由此得出教育财政投入省际均衡程度正不断增加。三是本章更进一步对教育财政经费差异进行了群组特征考察和分解。结果表明，国家教育财政对东部群组投入力度最大，但分配不均衡程度同样位列榜首，西部群组投入水平和不均衡程度次之，东部群组最后。但是，总体来说，教育财政经费投入水平和差异在三大群组中保持相对稳定。另外，群组差异分解和省域差异分解结果有所不同，从分解结果看，2014～2016 年群组组间差异和总群组组内差异对经费总差异的贡献基本相同，但是数值大小仍然反映出了教育财政经费逐年均衡分配受惠于东中西群组组间差异的缩小。

基于以上结论，本章提出如下建议。

第一，在"以县为主"的教育财政经费投入制度下，不论是全国总体还是分区域计算得出的教育财政投入配置均衡程度都普遍低于 0.4。然而，我们不能单纯地以收入基尼系数设定的警戒标准来判断教育投入配置均衡程度的高低，这些数值仅可以用来进行某一指标下的横向比较。为此，教育财政投入配置差异过高或者过低的具体判断标准，还需结合我国教育整体发展和区域异质性情况综合评估，给出符合我国实际的评价准则。

第二，从教育财政经费投入差异的来源分解上看，教育事业费是国家教育财政投入的重点，相比其他分项收入指标，其在县级层面的分配差异最小，却是缩小总差异程度的关键。教育事业费投入是保障基层教育事业发展的重要举措，为此，各级政府一方面需要继续加大教育事业费的总量投入；另一方面还需更加关注教育事业费的均衡配置，为实现教育财政经费在县级层面的均衡配置提供帮助。

第三，从教育财政经费投入的省域差异测度结果上来看，虽然各地区经费配置绝对均衡水平较高，但存在明显的极化现象，部分地区长期处于相对较低的水平。因而，政府一方面需要维持高均衡地区的现有教育经费投入和配置状态，另一方面还需要加强对经费分配差异较大地区的经费配置监管。此外，从省域差异分解结果上来看，总差异更多地来自组间差异贡献，政府对此需要更加关注，应当注意调整各地区间的经费配置均衡水平，以此改善教育财政经费配置的不平等程度。

第四，从教育财政经费投入的群组特征和分解结果上来看，需要加大对中部群组的经费投入力度，以保证群组间的教育均衡发展。另外，不同群组的教育财政经费投入水平和不均衡程度呈现显著的正向关系。因而，国家今后对教育领域的经费投入还需要在保证总量水平的前提下重点关注群组内的分配情况，在投入总量和结构上双向把关，同时还需提高不同经济群组内部的经费投入和配置水平。

<table>
<tr><td>第 4 章</td><td># 公共教育财政的空间
收敛性研究</td></tr>
</table>

　　科教兴国、建立人力资本强国，是我国实现社会主义现代化的长期战略选择。然而，教育不平等与教育发展长期共存，已然成了继续发展教育、实现教育现代化的关键阻碍。教育公平的本质要求，即各类人群达到本应满足自身需求的合理教育水平。其中，公共教育财政是教育公平实现的基础保障。改革开放 40 多年以来，教育资源的分配公平一直是党和政府关注的重点，各类教育政策和财政政策共同为实现教育公平提供良好的政策环境。在过去的历史进程中，教育的关注对象和实现目标随着发展的阶段性要求不同而不断产生着变化。

　　2017 年，中国学前教育的毛入学率达到了 79.6%，比上年提高 2.2 个百分点，小学阶段净入学率达到了 99.91%，初中阶段毛入学率 103.5%，九年义务教育巩固率达到了 93.8%，比上年提高 0.4 个百分点，高中阶段毛入学率 88.3%，比上年提高 0.8 个百分点。[①] 各类适龄青少年儿童的入学机会受到保障，这说明中国绝大部分的劳动力都通过了完整的基础教育阶段，为步入人力资本质量提升的高中和高等教育阶段打下坚实基础。基础教育作为人力资本形成的关键阶段，其中的公平问题应受到重视，因而，把握我国目前基础教育公平发展现状、研究基础教育公平相

---

　　① 教育部：《2017 年全国教育事业发展统计公报》。

关问题具有重要意义。

一直以来，公共教育财政的区域均衡都是政策制定、学术研究关心的重要方面。本章将以基础教育总体以及所包含的各级教育类型为主要研究对象，判断和识别其区域收敛情况，以期为实现基础教育公平、为教育未来更充分优质的发展提供可行路径。

通过对历史文献的梳理不难发现，目前的研究存在如下有待扩充之处。第一，现有文献对我国教育财政投入的空间差异状态研究较多，主要是以静态的区域异质性分析为主要侧重点，对其收敛性的判断仍然较为薄弱，基于收敛的动态演变相关研究寥寥可数。第二，部分文献已针对现阶段的义务教育空间收敛性做出了一定研究，同时存在基础教育和义务教育概念定义上的模糊，如赖思宁和孙艳（2016）将基础教育归纳为小学、初中和高中三个阶段。本章将明确其包含范围。我们认为，基础教育应从广义上进行理解，是包含学前教育在内的高中阶段及其之前的所有教育类型，我国《幼儿园教育指导纲要》也明确指出："幼儿园教育是基础教育的重要组成部分"。当然，更广义的概念还应包括家庭教育和特殊教育，由于数据可得性问题，在此将不予考虑。学前教育是义务教育的基础，赵彦俊和刘敏慧（2017）通过基尼系数和帕尔玛比值的计算得出，学前教育财政投入失衡较为严重，城乡差距显著存在，严重影响整体基础教育公平的实现。因而，本章在此将目标对象聚焦于广义的基础教育空间收敛判别上，对基础教育财政投入差异和收敛情况进行更深度的解析。第三，本章将在收敛性研究基础上，结合新经济地理学的相关计量理论，更进一步地开展基础教育财政空间动态收敛的关联性和溢出性研究，将空间计量理论应用在判断基础教育财政投入收敛差异的文献并不多见，在此本章将尝试探究区域间的互动影响，判断在加入空间因素后收敛性的动态变化情况，探索我国基础教育财政投入空间发展不平衡性的深层原因，为基础教育的均衡协调发展提供政策参考。

| 4.1　研究理论及方法 |

新古典增长理论是收敛性研究的基础（Solow，1956；Swan，1956），其认为，在一定的假定条件下，不同发展程度经济体的增长将趋于一致，并达到稳态水平作为一项重要的公共服务，基础教育财政收敛性研究是财政收敛研究的组成部分，因此可将理论的思路和方法延伸到基础教育财政的收敛性研究中。收敛理论给出了一般运用较为广泛的三种基本方法，分别为 σ – 收敛、绝对 β – 收敛和条件 β – 收敛。其中，前两者是绝对收敛方法，即在无外部因素干预或外部因素作用相同情况下的收敛，后一种表示收敛状况还受到其他因素的影响。

4.1.1　σ – 收敛

针对本章的研究目标，σ – 收敛是指不同区域教育财政资源投入的离散程度随时间推移逐渐缩小。本章借鉴张菀洺（2013）的做法，采用变异系数加以衡量。

$$\sigma_t = \frac{D_t}{ER_t} \tag{4-1}$$

其中，$D_t = \sqrt{\dfrac{\sum_1^n (ER_{it} - \overline{ER_{it}})}{n}}$ 为第 t 年的基础教育财政指标 ER 的标准差，$\overline{ER_t}$ 为第 t 年该指标的均值。

4.1.2　绝对 β – 收敛

绝对 β – 收敛是指不同区域教育财政资源投入增长速度仅同其初始水平相关并呈反向关系，初始水平低的区域增长速度高于初始水平高的区域，最终达到稳态均衡，各区域趋于增长一致。本章采用巴罗和萨拉 –

伊－马丁（Barro & Sala-i-Martin，1991）设计的收敛性判别模型，将教育财政资源绝对 β － 收敛模型表示如下：

$$\frac{1}{T}\ln\left(\frac{ER_{it}}{ER_{i,t-T}}\right) = \gamma_i + \frac{1-e^{-\beta T}}{T}\ln(ER_{i,t-T}) + \varepsilon_{it} \qquad (4-2)$$

其中，t 和 T 分别表示考察时段的期末时间和时间间隔；γ_i 为第 i 个区域常数项；ε_{it} 为误差项；β 为基础教育财政指标的收敛速度，若 $\beta < 0$，则表示基础教育财政存在绝对 β － 收敛，反之不存在。为充分利用数据信息，本章将 T 设定为 1，即以 1 年的时间间隔来进行收敛性判断，由此收敛模型改写如下：

$$\ln\left(\frac{ER_{it}}{ER_{i,t-1}}\right) = \gamma_i + (1-e^{-\beta})\ln(ER_{i,t-1}) + \varepsilon_{it} \qquad (4-3)$$

4.1.3　条件 β － 收敛

在绝对 β － 收敛模型基础上，若添加无外部因素干预或外部因素作用相同这一假定条件，则可构建条件 β － 收敛模型如下：

$$\ln\left(\frac{ER_{it}}{ER_{i,t-1}}\right) = \gamma_i + (1-e^{-\beta})\ln(ER_{i,t-1}) + \delta X_{it} + \varepsilon_{it} \qquad (4-4)$$

其中，X_{it} 为其他外在变量构成的向量。

更进一步地，令 $\theta = 1 - e^{-\beta}$，并进行移项可将模型变换如下：

$$\ln(ER_{it}) = \gamma_i + \alpha\ln(ER_{i,t-1}) + \delta X_{it} + \varepsilon_{it} \qquad (4-5)$$

其中，$\alpha = 1 + \theta = 2 - e^{-\beta}$。由此从形式上构建了一个动态面板数据模型对基础教育财政的条件 β － 收敛性进行判别，若 $\alpha < 1$，则表示条件 β － 收敛存在，反之则不存在。在具体实证中，我们将充分控制区域异质性因素以及城市和时间固定效应。

│ 4.2　指标选取及数据说明 │

2010 年，政府出台《国家中长期教育改革和发展规划纲要（2010—

2020 年)》，明确指出各级政府要优化财政支出结构，统筹各项收入，把教育作为财政支出重点领域予以优先保障，这对基础教育财政投入和支出形成了强有力的政策支持。因而，本章选取 2010～2016 年中国 31 个省（区、市）的相关指标，构成一个平衡的短面板数据，时间跨度包含了国家"十一五"到"十三五"规划的政策区间。

4.2.1　被解释变量：基础教育生均教育经费支出

由于教育财政收入对教育发展形成的是长期效应，短期内，各级政府对不同类别学校的投入或支出情况更能现实反映教育财政所发挥的具体作用。考虑到不同地区学生数量差异，本章在此选取基础教育生均教育经费支出（*all_edu*），其中包括学前教育生均教育经费支出（*preprimary*）、普通小学生均教育经费支出（*primary*）、普通初中生均教育经费支出（*middle*）和普通高中生均教育经费支出（*high*）。需要强调的是，2013年之后该类指标更名为"生均教育事业经费支出"，但口径和之前年份的"生均教育经费支出"相同，因而本章为表述一致，以下统称为"生均教育经费投入"（包含了事业性支出和基本建设支出）。

4.2.2　核心解释变量：滞后的生均教育经费支出

在基础教育收敛性判别中，根据模型设定形式，我们考察的核心解释变量为滞后一期的被解释变量，在空间收敛判别中，被解释变量的空间滞后也将被纳入核心解释变量中。

4.2.3　控制变量集

为更加全面地分析影响各阶段基础教育财政投入的动态收敛性，同时也为保证后续估计结果的一致，本章在此选择如下可能影响收敛性判别的重要控制变量。地区人均增加值（*pgdp*）：一般来说，一个区域的经济体量同教育投入存在正向影响，预期系数为正；地区总人口（pop）：地区人口总量对教育投入可能存在正向影响，但考虑到区域人口结构差异，估计系数符合无法确定；全社会固定资产投资（invest）：同地区人均增加值的作用类似，预期系数为正；第三产业占比（ter_prop）：即地区第三产业增加值和地区增加值的比值，预期系数为正；财政依存度（reven_prop）：即财政收入和地区增加值的比值，一般来说，财政收入占 GDP 的比重越高，说明财力越充足，对基础教育的投入可能存在影响，预期系数为正；人口老龄化水平（aging）：即地区 65 岁以上人口占地区总人口的比重，人口老龄化是目前面临的一个重要问题，老年人口增加，政府对教育的投入可能会减少，预期系数为负。另外，针对基础教育中的不同教育类型，本章分别选择了各教育类型的平均在校人数（stu_pop_i）：即每十万人中在校生人数，预期系数为正。数据来源于各年《中国统计年鉴》《中国教育经费统计年鉴》以及 EPS 统计数据库。为消除时期价格变化可能造成的影响和不可比，本章对所涉及的所有名义变量数据采用各地区以 2010 年为基期的居民消费价格指数（CPI）进行了调整。剔除价格因素的变量包括：地区人均增加值和全社会固定资产投资。另外，除占比指标外，其余变量均取自然对数。以上各变量的统计描述如表 4 - 1 所示。

表 4 - 1　　　　　　　各变量含义及描述性统计

变量	指标含义	样本量	均值	最大值	最小值	标准差
total_edu	基础教育总投入	217	8.8682	10.2661	8.0586	0.4728
preprimary	学前教育投入	217	8.2937	9.8333	7.3370	0.6193
primary	普通小学投入	217	8.7530	10.0589	7.8450	0.4841
middle	普通初中投入	217	9.0027	10.5024	8.1604	0.4782
high	普通高中投入	217	9.1774	10.6197	8.4438	0.4676
pgdp	人均增加值	217	10.4021	11.4230	9.4818	0.4561
pop	地区总人口	217	8.1128	9.3056	5.7038	0.8452
invest	固定资产投资	217	43.4590	80.2322	28.600	9.3519
ter_prop	第三产业占比	217	15.9101	32.7000	8.8000	4.2349

续表

变量	指标含义	样本量	均值	最大值	最小值	标准差
reven_prop	财政依存度	217	9.3293	14.1248	4.8244	1.9418
aging	人口老龄化	217	8.8723	10.2123	6.1370	0.8999
preprimary_pop	学前教育平均学生数	217	7.8548	8.3828	6.6937	0.2972
primary_pop	普通小学平均学生数	217	8.8254	9.3715	8.0630	0.3069
middle_pop	普通初中平均学生数	217	8.0959	8.7235	7.1194	0.3108
high_pop	普通高中平均学生数	217	8.0265	8.5032	7.0212	0.2735

| 4.3　基础教育财政空间收敛性判别 |

4.3.1　基础教育财政收敛性初步判断

本节首先通过 σ - 收敛和绝对 β - 收敛两种分析模型对基础教育财政动态收敛性情况进行初步判断。根据式（4-1），我们计算了 2010~2016 年全国基础教育总体的地区 σ - 收敛情况。从表 4-2 可以看出，全国层面的基础教育财政投入变异系数整体呈现平稳并小幅上升，说明省际基础教育财政投入的 σ - 收敛情况存在，在考察期中，差异情况从绝对数上看变动较小，特别是在"十二五"规划期间，基本维持稳定，值得注意的是，未来教育投入在全国层面可能形成发散态势。

表 4-2　　　　2010~2016 年全国基础教育总体的地区 σ - 收敛情况

年份	基础教育总体
2010	0.6428
2011	0.6421
2012	0.6442
2013	0.6449
2014	0.6451
2015	0.6490
2016	0.6514

表 4 – 3 给出了基础教育中不同类别学校的 σ – 收敛情况。总体上，四类学校生均教育经费支出差异走势平稳，收敛情况基本一致，由此说明教育财政在各基础教育类型上的支出情况和水平相近。从具体数值上来看，学前教育财政支出差异最大，除 2010 ~ 2011 年存在收敛外，此后持续扩大，且差异程度显著高于总体基础教育差异水平。另外，普通小学、普通初中和普通高中教育财政支出平均差异程度依次提高，侧面说明了国家出台的义务教育阶段财力保障相关政策，在缩小区域教育发展方面起到了一定的效果。其中，普通初中的收敛性情况略有不同，在2010 ~ 2011 年和 2013 ~ 2014 年产生了两次阶段性 σ – 收敛，而后发散，但与其他类型教育相比，普通初中生均教育经费支出变异系数增长放缓，收敛趋势更加明显。

表 4 – 3 　　　　　2010 ~ 2016 年基础教育各类学校的地区 σ – 收敛情况

年份	学前教育	普通小学	普通初中	普通高中
2010	0.7936	0.6211	0.6765	0.6913
2011	0.7931	0.6202	0.6760	0.6906
2012	0.7954	0.6221	0.6782	0.6927
2013	0.7963	0.6225	0.6796	0.6929
2014	0.7973	0.6231	0.6790	0.6936
2015	0.8015	0.6271	0.6826	0.6982
2016	0.8045	0.6301	0.6839	0.7015

从理论上讲，绝对 β – 收敛是 σ – 收敛的必要非充分条件，σ – 收敛判别结果显示，不论是基础教育总体还是各类学校的生均教育财政支出在所考察年份中均存在 σ – 收敛现象，但收敛情况并不明显。为此，本章进一步进行绝对 β – 收敛的判断。绝对 β – 收敛考察的是各地区生均教育经费支出是否会在未来趋近于同一水平，具体地，在式（4 – 3）基础上，我们加入个体和时间固定效应，构建如下计量模型：

$$\ln(ER_{it}^{j}) = \gamma_i + \alpha\ln(ER_{i,t-1}^{j}) + \mu_i + \tau_t + \varepsilon_{it} \qquad (4 – 6)$$

其中，ER_{it}^{j} 代表生均教育经费支出指标，j 为不同教育分类（$j = 1, 2, \cdots,$

5），μ_i 和 τ_t 分别为地区和时间固定效应，ε_{it} 为误差项。针对式（4 - 6）判断绝对 β - 收敛的充要条件是解释变量系数 $\alpha < 1$。由于解释变量为滞后一期的被解释变量，采用普通最小二乘估计方法将会产生不一致的结果，造成"动态面板偏差"，而针对本章的短面板数据集，该情况更加如此。另外，考虑到截面层数据可能存在异方差或者时间序列层数据可能存在的自相关情况，为保证估计结果可靠，如下采用差分 GMM 和系统GMM 分别对基础教育地区收敛以及 4 类不同类型教育进行分别估计，估计结果见表 4 - 4。

表 4 - 4　　　　　　基础教育区域绝对 β - 收敛情况

类型	总体		学前教育		普通小学		普通初中		普通高中	
	Diff-GMM	Sys-GMM	Diff-GMM	Sys-GMM	Diff-GMM	Sys-GMM	Diff-GMM	Sys-GMM	Diff-GMM	Sys-GMM
ER_{t-1}	1.086 **	1.007 ***	0.934 ***	1.005 ***	1.061 **	1.006 ***	1.083 **	1.006 ***	1.262 ***	1.010 ***
	(2.48)	(203.29)	(3.36)	(515.16)	(2.51)	(249.71)	(2.04)	(132.8)	(2.94)	(197.62)
AR（1）	-1.71	-2.82	1.84	-2.82	-1.71	-2.82	-1.51	-2.81	-1.97	-2.81
	(0.087)	(0.005)	(0.066)	(0.005)	(0.088)	(0.005)	(0.13)	(0.005)	(0.049)	(0.005)
AR（2）	1.12	1.22	1.36	1.22	1.14	1.22	1.06	1.23	1.1	1.22
	(0.261)	(0.221)	(0.174)	(0.221)	(0.256)	(0.221)	(0.291)	(0.22)	(0.27)	(0.221)
Hansen test	2.42	10.76	1.5	6.56	3.21	11.14	1.98	11.54	0.72	8.66
	(0.49)	(0.149)	(0.681)	(0.476)	(0.361)	(0.133)	(0.576)	(0.117)	(0.869)	(0.278)
个体固定	Yes	Yes	Yes	Yes	Yes	Yes	Yes	Yes	Yes	Yes
时间固定	Yes	Yes	Yes	Yes	Yes	Yes	Yes	Yes	Yes	Yes
观测值	155	186	155	186	155	186	155	186	155	186

注：*** 、** 分别表示在 1%、5% 的水平上显著。Diff-GMM 和 Sys-GMM 分别代表差分 GMM 估计和系统 GMM 估计方法。其中，解释变量括号内为 t 统计量值，Arellano-Bond test 报告了 z 统计量值，括号内为其 p 值，Hansen test 报告了卡方值，括号内为其 p 值。

表 4 - 4 显示，一阶滞后被解释变量在两种估计方法下均通过显著性检验，在估计过程中使用解释变量的二阶滞后项作为 GMM 式工具变量，由于系统 GMM 解决了差分 GMM 不能解决的内生性和弱工具变量问题，在利用了更多信息的条件下，其估计结果则更加有效。Arellano-Bond 检验考察了扰动项是否存在序列相关，其原假设为"不存在序列相关"，由上述检验结果显示，扰动项的差分存在一阶序列相关，但接受了不存在二阶序列相关，结果通过统计检验。另外，Hansen 检验在不同类型教育

的结果也表明，没有充足的理由拒绝"所有工具变量都有效"的原假设。总体上来看，基础教育总体的生均教育经费支出不存在绝对 β - 收敛，两种估计系数均通过显著性检验，并且大于 1。在差分 GMM 估计下，学前教育存在收敛但系数接近于 1，另外，学前教育、普通小学、普通初中和普通高中生均教育经费支出区域发散情况依次增强，说明要实现基础教育的绝对 β - 收敛需关注更高层次的教育类型。系统 GMM 估计系数整体上低于差分 GMM 估计系数，在不同教育类型下系数相近，但收敛性判别结果依然表明区域间不存在绝对 β - 收敛。总体上来看，σ - 收敛和 β - 收敛结果均表明我国基础教育的经费投入阶段性收敛情况不明显，但从估计系数来看，未来存在收敛的可能，需要指出的是，绝对收敛模型只能作为判别基础，无法得出更多的结论。为此，本章进一步开展如下收敛判别的实证分析。

4.3.2 基础教育财政收敛性再判断——基于空间条件收敛模型

上述对基础教育财政支出的两种绝对收敛判别显示，不论是基础教育总体还是其所包含的不同教育类型，生均财政教育经费的动态收敛性均不十分明显，这就为更进一步的收敛性判别提供可能。考虑到收敛判别的两方面因素：一方面，加入条件的收敛性判别将更好地识别区域生均教育财政支出的收敛状况；另一方面，区域收敛性是时间和空间共同作用的结果，研究区域收敛问题时不应该忽略空间因素的扰动。为此，在条件收敛模型和回归方程的设定中加入区域空间因素，消除空间相关的不确定影响也是收敛性正确判断的必要条件。

1. 空间权重的选取

空间权重矩阵设定是进行空间计量模型实证的关键一步，其表征了空间单元之间的相互关联和依赖程度。通常的设计策略是采用标准化后的邻接矩阵、地理距离矩阵或者经济距离矩阵来定义空间权重大小。本章将采用邻接矩阵来开展空间相关性和空间收敛研究。针对生均基础教育财政支出指标，我们认为存在一定空间关联和溢出效应，即空间上相近的区域该指标相关。具体地，在空间邻接矩阵中，空间上相邻区域设定为 1（点相邻或边界相邻），反之为 0，矩阵对角线上元素为自身的相邻关系，设为 0。

$$W = w_{ij} = \begin{cases} 1, & i \text{ 与 } j \text{ 相邻} \\ 0, & i \text{ 与 } j \text{ 不相邻} \end{cases} \tag{4-7}$$

由此，本章构造了全国 31 个省（区、市）的空间邻接矩阵。由于海南在地理上没有与之接壤的省份，但广东、广西与其仅相邻一个海峡，并且它们之间的经济活动比较频繁，有存在基础教育发展空间互动的可能，故将海南视为与广东、广西相邻（邓明和钱净鸣，2009）。

2. 空间相关性判断

在进行空间计量方法前，首先需要判断指标数据是否存在空间相关或空间依赖性，基础教育财政投入在地理空间上的相关性是否现实存在需要被验证。本章在此将开展空间相关性检验，为后续构建空间条件收敛模型提供基础。奥德（Ord，1973）首次提出利用莫兰指数对空间相关性进行检验，指标的空间自相关即为位置相近的区域具有相似的变量取值（若高值和高值相聚，低值和低值相聚，则称为"正空间自相关"；若高值和低值相聚，则称为"负空间自相关"；若高值和低值随机分布，则不存在空间自相关性）。首先，本章对全局莫兰指数进行计算，公式如下：

$$I = \frac{\sum_{i=1}^{n} \sum_{j=1}^{n} w_{ij}(x_i - \bar{x})(x_j - \bar{x})}{S^2 \sum_{i=1}^{n} \sum_{j=1}^{n} w_{ij}} \tag{4-8}$$

其中，$S^2 = \dfrac{\sum_{i=1}^{n}(x_i - \bar{x})^2}{n}$ 为样本方差。若权重矩阵进行了行标准化，则 $\sum_{i=1}^{n} \sum_{j=1}^{n} w_{ij} = n$，此时，全局莫兰指数为：

$$I = \frac{\sum_{i=1}^{n} \sum_{j=1}^{n} w_{ij}(x_i - \bar{x})(x_j - \bar{x})}{\sum_{i=1}^{n}(x_i - \bar{x})^2} \tag{4-9}$$

我们通过式（4-9）对 2010~2016 年基础教育总体进行全局莫兰指数的计算，如图 4-1 所示，基础教育总体的生均财政投入存在空间上的正相关关系，即高（低）投入的区域将带动周边区域的教育财政投入增加（减少），但这种关系从时间序列上来看呈现明显的下降趋势，但绝对数量下降不大，说明基础教育财政投入的全局空间正相关性和依赖性依然存在。

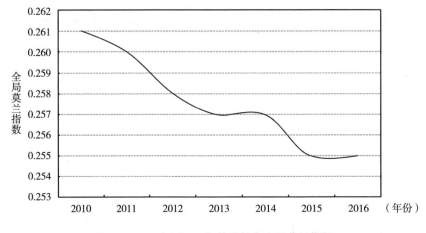

图 4-1　2010~2016 年基础教育全局莫兰指数

同时，本章计算了各类学校的全局莫兰指数（见表 4-5）。学前教育、普通小学、普通初中和普通高中四类学校都存在空间正相关关系，与基础教育整体空间相关相比，各类学校的空间相关性在数值上相对平稳，其中学前教育和普通高中平均相关性低于总体水平，而义务教育阶段包含的普通小学（平均为 0.276）和普通初中（平均为 0.286）正空间自相关程度较高，是带动基础教育总体空间相关性的主要教育类型，由此说明，义务教育阶段的教育投入存在较强的空间关联和依赖，不同区域地方政府对义务教育生均财政支出水平相对更加关注。

表 4 - 5　　　　　　　　　2010 ~ 2016 年各类学校全局莫兰指数

类别	2010 年	2011 年	2012 年	2013 年	2014 年	2015 年	2016 年
学前教育	0.163	0.162	0.161	0.162	0.163	0.162	0.162
普通小学	0.280	0.279	0.277	0.276	0.276	0.274	0.273
普通初中	0.290	0.288	0.286	0.285	0.285	0.283	0.283
普通高中	0.217	0.216	0.214	0.213	0.213	0.211	0.211

注：对各类学校的全局莫兰指数进行的检验均采用双边检验，且在 1% 的显著性水平上通过检验。另外，本章还计算了 Geary's C，结果同样支持各类学校生均教育财政存在空间正相关的结论。

更进一步，本章计算了不同类型教育的局部莫兰指数。其含义是，某区域正的指数值表示该地高（低）值被周围的高（低）值所包围，负的指数值表示该地高（低）值被周围低（高）值所包围。由于篇幅所限，在此仅列出 2016 年四种教育类型的局部莫兰指数散点图（见图 4 - 2）。由图 4 - 2 可见，全国各区域的基础教育财政投入过程中存在显著的"热点"和"冷点"地区，表现为"同质集聚、异质隔离"的特征，其中，"低低"聚集的情况在四类教育中都明显存在。

3. 空间条件收敛模型

条件 β - 收敛考察的是各地区生均教育经费支出是否会在未来趋近于不同水平具体的，在式（4 - 5）基础上，我们加入个体和时间固定效应，同时实证中包含当期被解释变量的空间滞后值，构建如下的动态空间自回归面板计量模型[①]：

$$\ln(ER_{it}^{j}) = \gamma_i + \alpha\ln(ER_{i,t-1}^{j}) + \rho W\ln(ER_{it}^{j}) + \delta X_{it} + \mu_i + \tau_t + \varepsilon_{it}$$

$$(4 - 10)$$

其中，ER_{it}^{j} 代表生均教育经费支出指标，j 为不同教育分类（$j = 1, 2, \cdots,$

---

① 空间模型一般设计成两类：空间滞后模型（SLM）和空间误差模型（SEM）。实证中需要进行选择安瑟兰和雷伊（Anselin and Rey，1991）蒙特卡洛模拟实验表明：如果 LM lag 的统计量相对 LM error 更显著，并且 Robust LM lag 显著，而 Robust LMerror 不够显著，那么空间滞后模型更恰当；反之，如果 LM error 的统计量更大，且 Robust LM error 比 Robust LM lag 更显著，那么恰当的模型为空间误差模型。本章对基础教育整体以及所含四种教育类型的检验均支持设定成空间滞后模型。

5)，W 为空间权重矩阵，μ_i 和 τ_t 分别为地区和时间固定效应，ε_{it} 为误差项。针对式（4-10）判断绝对 β-收敛的充要条件是解释变量系数 $\alpha < 1$，空间自回归系数 ρ 表明基础教育投入的区域互动情况，X_{it} 为其他控制变量。

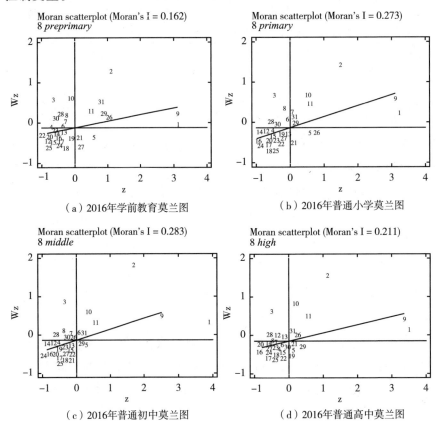

图 4-2 2016 年各级各类教育莫兰指数散点图

注：在此仅给出 2016 年学前教育、普通小学、普通初中和普通高中莫兰指数散点图，对于其他年份情况，以及基础教育总体生均教育财政支出的局部莫兰指数检验情况相似，不赘述。

实证中，本章将同时估计不含空间滞后项和包含空间滞后项的条件 β-收敛模型，并对比二者结果。前者采用系统 GMM 估计方法，除了时间虚拟变量外，所有解释变量都使用其两个更高阶的滞后期作为工具变量。后者由于加入空间滞后项而形成估计参数的不一致，本章在此采用极大似然估计方法进行解决。首先对基础教育总体条件 β-收敛开展估计，估计结果见表 4-6。

表 4-6　　　　　　　基础教育总体条件 β - 收敛估计结果

基础教育总体	无空间因素		有空间因素	
解释变量	GMM 估计系数	t 统计量	ML 估计系数	z 统计量
教育财政滞后	-0.0223 ***	-189.22	-0.0341 ***	-4.22
空间项	/	/	0.1025 ***	3.51
地区人均增加值	0.1348 **	2.13	0.1288 ***	3.21
地区总人口	-0.0874	-0.15	-0.0843	-0.09
固定资产投资	0.2036 ***	3.58	0.1945 ***	3.54
第三产业占比	0.1248 **	1.96	0.1154 ***	2.01
财政依存度	0.1364 ***	2.87	0.1475 ***	3.63
人口老龄化	-0.2152 *	-1.78	-0.2047 *	-1.64
个体固定	Yes	Yes	Yes	Yes
时间固定	Yes	Yes	Yes	Yes

注：*** 、** 、* 分别表示在 1%、5%、10% 的水平上显著。无空间因素模型报告了 t 统计量，有空间因素模型报告了 z 统计量。

表 4-6 的条件 β - 收敛结果显示了我国基础教育的空间动态收敛情况。可以看出，不包含空间因素和包含空间因素的两种模型均显示了基础教育总体存在条件 β - 收敛，说明各地区基础教育财政投入虽未收敛于同一水平（绝对 β - 收敛不存在），但存在各自的收敛。其中，核心解释变量均在 1% 的水平下显著（无空间因素模型估计系数为 -0.0223，有空间因素模型估计系数为 -0.0341），系数绝对值的增大意味着，若未将空间因素纳入模型将导致区域基础教育投入收敛水平被低估，区域间的互动关系影响收敛性的状况将无法被体现。空间滞后项在 1% 水平下显著为正，表明其他地区的基础教育财政投入水平将对本地该指标形成正向影响，存在空间溢出效应，结果显示，前者增加 1%，后者增加 0.1%。另外，控制变量情况基本符合预期，其中地区人均增加值、固定资产投资水平、第三产业占比、财政依存度均显著为正，人口老年化显著均为负，而地区人口在两种模型下的估计系数均为负，且表现为不显著，这说明人口可能并不是影响地方政府基础教育投入决策的重要因素。本章更进

一步地估计了学前教育、普通小学、普通初中和普通高中四类不同教育阶段的条件 β - 收敛情况（见表4 - 7）。

表4 -7　　　　　　　各级各类学校条件 β - 收敛估计结果

类型	学前教育		普通小学	
估计系数	GMM 估计系数	ML 估计系数	GMM 估计系数	ML 估计系数
教育财政滞后项	− 0.0182 *** (− 203.45)	− 0.0231 *** (− 4.87)	− 0.1263 *** (− 321.48)	− 0.1876 *** (− 5.21)
空间项		0.0152 *** 3.21		0.0215 ** (2.03)
地区人均增加值	0.0254 (1.58)	0.0244 (1.52)	0.1875 *** (3.87)	0.1742 *** (3.92)
各级各类平均学生数	0.1038 ** (2.21)	0.1049 ** (2.32)	0.2123 *** (4.87)	0.2121 *** (4.12)
固定资产投资	0.2511 * (1.32)	0.2673 * (1.51)	0.2111 *** (3.22)	0.1852 *** (3.59)
第三产业占比	0.1335 (0.33)	0.1343 (0.46)	0.1895 ** (1.99)	0.1796 * (1.87)
财政依存度	0.1452 (0.29)	0.1512 (0.31)	0.1394 *** (3.01)	0.1452 *** (3.23)
人口老龄化	− 1.9125 * (− 2.31)	− 2.2511 ** (− 2.52)	− 0.2891 *** (− 4.74)	− 0.2745 *** (− 4.21)
类型	普通初中		普通高中	
估计系数	GMM 估计系数	ML 估计系数	GMM 估计系数	ML 估计系数
教育财政滞后项	− 0.1354 *** (− 302.56)	− 0.1521 *** (− 4.25)	− 0.0981 *** (− 289.31)	− 0.0994 *** (− 3.99)
空间项		0.0254 ** (2.15)		0.0312 ** (2.11)
地区人均增加值	0.1965 *** (4.52)	0.1854 *** (4.02)	0.1213 ** (2.01)	0.1125 * (1.98)
各级各类平均学生数	0.3021 *** (3.61)	0.3005 *** (3.21)	0.2289 ** (2.31)	0.2125 ** (2.03)
固定资产投资	0.2015 *** (3.09)	0.1996 *** (2.63)	0.2237 * (1.85)	0.2141 * (1.82)

续表

类型	普通初中		普通高中	
估计系数	GMM 估计系数	ML 估计系数	GMM 估计系数	ML 估计系数
第三产业占比	0. 1993 ** (2. 21)	0. 1896 ** (2. 08)	0. 2152 *** (2. 89)	2. 2114 *** (2. 42)
财政依存度	0. 1487 *** (3. 28)	0. 1572 *** (3. 33)	0. 1369 *** (2. 58)	0. 1321 *** (2. 24)
人口老龄化	− 0. 2751 *** (− 3. 69)	− 0. 2622 *** (− 3. 32)	− 0. 1963 *** (− 2. 11)	− 0. 2131 *** (− 2. 94)
个体固定	Yes	Yes	Yes	Yes
时间固定	Yes	Yes	Yes	Yes

注: *** 、 ** 、 * 分别表示 1% 、 5% 、 10% 的水平上显著。括号内, 无空间因素模型报告了 t 统计量, 有空间因素模型报告了 z 统计量。

表 4 - 7 的估计结果显示, 在控制了区域异质性条件后四种教育类型的系数值均小于 1, 证明了条件 β - 收敛的存在, 但收敛性情况具有一定的差异。从总体上来看, 在未考虑空间因素和考虑空间因素的两种模型下, 学前教育的收敛性均最差(无空间因素模型估计系数为 − 0. 0182, 有空间因素模型估计系数为 − 0. 0231), 普通高中阶段次之(无空间因素模型估计系数为 − 0. 0981, 有空间因素模型估计系数为 − 0. 0994), 而普通小学和普通初中的收敛性最高(无空间因素模型估计系数分别为 − 0. 1263 和 − 0. 1354, 有空间因素模型估计系数分别为 − 0. 1876 和 − 0. 1521), 这充分说明国家和地方政府在包含小学和初中的义务教育阶段财政均衡化方面做出了重要努力。同时, 对比两模型收敛系数同样可以得出若未将空间因素纳入模型将导致区域各级教育投入收敛水平被低估的结论。

另外, 在考虑空间因素的模型设定估计下, 空间滞后项均表现显著, 且在四种教育类型中数值依次递增, 说明区域教育财政投入的空间溢出效应随着教育层级的提高而越发明显。此外, 控制变量的系数在各级教育中也表现不同, 从估计结果中可以发现, 学前教育阶段的各控制变量符号虽符合预期, 但在统计上均表现不显著, 对比其绝对 β - 收敛结果(差分 GMM 估计收敛而系统 GMM 估计虽不收敛但基本接近于 1, 且统计显著),说明该类型教育收敛情况基本不受区域异质性和空间因素的影响。在普通小学、普通初中和普通高中阶段,各控制变量符号基本符合预期,与基础教育总体估计不同的是,由于表4-6估计结果证明了人口变量并不能作为有效的控制变量,在表4-7的估计中,本章纳入了各级教育的每万人在校生人数(stu_pop),结果表明,各级教育该指标统计上均表现显著且教育财政投入收敛同其具有正向关系。

4. 稳健性检验

针对本节开展的基础教育财政的空间动态收敛性判别,我们变换了空间权重的设定,在此基础上开展了稳健性检验。借鉴李靖(2010)的做法,将距离矩阵和经济矩阵相结合,构造空间权重矩阵。式(4-11)是空间距离权重矩阵公式,根据地理经济学第一定律,空间相关性同其距离成反比,按照惯例,一般取两个空间之间的距离平方倒数构建权重矩阵:

$$W = w_{ij} = \begin{cases} \dfrac{1}{d_{ij}^2}, & i \neq j \\ 0, & i = j \end{cases} \qquad (4-11)$$

进一步地,结合经济因素,构造如下权重矩阵:

$$W^s = W \cdot \mathrm{diag}\left(\frac{\overline{E_1}}{\overline{E}}, \frac{\overline{E_2}}{\overline{E}}, \cdots, \frac{\overline{E_n}}{\overline{E}}\right) \qquad (4-12)$$

其中,$\overline{E_i}$ 为第 i 个空间的实际人均 GDP,$\overline{E}$ 为所有地区实际人均 GDP 的均值,经济指标的选择年份为考察期最近年份,即 2016 年。从表4-8的估计结果看,在变换后的空间权重矩阵下,基础教育的空间条件收敛效果显著提升,空间项的系数为正,依然证实了区域间联动效应的存在,其他控制变量的大小和显著性符合预期,且未发生较大变动,说明结果稳健。同样,本书也针对不同教育类型开展了相应的稳健性检验,得出同样结论,结果不再赘述。

表 4 - 8　　　变换空间权重矩阵后的全国基础教育总体估计结果

基础教育总体	系数估计结果	
解释变量	ML 估计系数	z 统计量
教育财政滞后	- 0.0439 ***	- 5.12
空间项	0.2138 ***	3.22
地区人均增加值	0.1321 ***	2.24
地区总人口	- 0.0811	- 0.03
固定资产投资	0.2054 ***	4.12
第三产业占比	0.1037 ***	2.18
财政依存度	0.1532 ***	3.72
人口老龄化	- 0.1789 *	- 1.79
个体固定	Yes	Yes
时间固定	Yes	Yes

注：* 、*** 分别表示在 10%、1% 的水平上显著。

| 4.4　本章小结 |

改革开放 40 多年来，我国基础教育发展不论从规模还是结构上都不断趋于良好。随着基础教育发展需求发生变化，其发展的公平性问题被政府和公众关注。本章着眼于基础教育财政分配均衡问题，利用 2010 ~ 2016 年我国 31 个省（区、市）的面板数据，对基础教育财政投入的动态空间收敛性进行了探究，研究对象包含了基础教育总体，以及学前教育、普通初中、普通小学和普通高中四个人力资本形成和培养的关键教育阶段，得出如下主要研究结论。

第一，从 σ - 收敛模型估计结果来看，基础教育总体财政投入的收敛性存在但并不显著，系数整体小幅波动略有上升。具体来看，在 2010 ~ 2016 年的样本考察期中，差异情况从绝对数上看变动较小（2010 年为 0.6428，而 2016 年为 0.6514），特别是在"十二五"规划期间，基本维持稳定，发散的态势存在但并不明显。四种教育类型的生均教育经费投

入 σ - 收敛同样呈现小幅上升趋势，走势基本平稳，其中学前教育财政投入差异是形成基础教育总体投入差异的主要来源，义务教育阶段和普通高中的投入差异相对较小，其中普通初中收敛趋势相对显著。

第二，σ - 收敛模型体现的是基础教育财政投入差异的绝对趋同，其差异水平的来源包含随机因素的冲击。因此，为考察基础教育财政投入自身增长趋同情况，本章进而构建绝对 β - 收敛模型再次进行收敛性的初步判断。估计结果显示了基础教育总体的绝对 β - 收敛仍不十分明显，四种教育类型的估计表现也得出同样结论。其中，在绝对 β - 收敛模型下，学前教育的收敛性产生了变化，其发散情况相较而言更加不显著，而普通小学、普通初中和普通高中的发散水平依次增强，但所有教育类型的系数均略大于1，作为收敛性的一种初步判断，说明未来教育财政投入收敛的可能性是存在的。

第三，为更进一步考察基础教育财政投入收敛性的现实状况，本章构建了包含空间因素的条件 β - 收敛模型，并采用不同的估计方法开展了实证。结果表明，在加入区域异质性因素和空间因素后，基础教育总体以及各级教育类型的财政投入收敛性将显著存在。具体地，首先本章通过莫兰指数识别并得出基础教育财政投入具有空间相关关系的结论，进而分别估计未包含空间因素和包含空间因素的模型并进行结果对比。我们发现，空间溢出效应随着教育层级的提高而增强，地方政府的空间互动将会显著提高该地基础教育财政投入的条件 β - 收敛水平，这一结论在基础教育总体和各级教育类型上都有体现。另外，学前教育的空间条件 β - 收敛情况相比并不乐观，而后三种教育类型，特别是义务教育阶段收敛状况良好。除此之外，所加入的条件性控制变量估计结果基本符合预期，作为条件收敛性判断的关键因素，以上得出的结论我们认为是可靠的。

通过以上收敛性的判别结论，本章给出如下建议。

首先，收敛性的初步判断显示，不论是基础教育总体还是各教育类型，其教育财政投入均不存在明显的收敛性，虽然初步的判别不能给出更深入的结论，但从某种程度上也反映了我国基础教育投入的区域非均衡状况仍有待改进和提升。为此，中央和地方政府在保证教育财政总量投入的基础上，对区域间和区域内的投入分配差异还需重点关注，这也是政府一直在强调和努力的方向。

其次，根据空间条件 β - 收敛模型得出的结论，本章认为应尽快建立起相适应于基础教育各阶段的教育资源投入保障机制，制定相对统一的资源拨付标准，明确各级政府的权力责任，为教育资源投入建立相应的法律法规以便形成良好的教育财政投入和支出环境，为教育公平实现提供保障。教育公平问题是个民生问题，其之所以受到政府和民众的广泛关注，是因为它既是教育未来优质发展的基奠，又是社会公平公正的体现。教育不仅要求整体公平，更应强调结构均衡，正因为如此，全国教育大会还明确指出"要重视发展学前教育、高中阶段教育和民族教育、特殊教育、继续教育等各类教育"。从教育财政投入角度来看，本章更具体的结果表明，应当进一步加强学前教育的教育财政投入均衡水平，维持或提高现阶段义务教育和普通高中投入的区域均衡水平，进而形成整体基础教育发展的结构均衡，实现教育公平。当然，在基础教育均衡发展过程中，还需关注区域间的关联互动，加强某区域均衡发展对其周边区域的带动和辐射作用，将空间溢出效应进一步扩大。另外，由于基础教育财政投入是整体经济运行环境下的行为，还需关注其他经济变量对基础教育财政投入收敛性的影响，如大力发展第三产业、增加财政收入、控制人口老年化水平等。基础教育是人力资本形成的重要环节，总量上充足的教育财政投入以及结构上的分配均衡是基础教育公平实现的关键。因此，我们需要更加关注国家教育财政的公平与效率，为教育公平乃至社会公平形成坚固保障。

第5章 公共教育财政与入学机会差异研究

改革开放40多年以来，我国高等教育发展成果举世瞩目（姜星海和孙瑀锶，2018）。在2018年9月召开的全国教育大会上，李克强强调，"坚持改革创新，坚持教育公平，推动教育从规模增长向质量提升转变，促进区域、城乡和各级各类教育均衡发展，以教育现代化支撑国家现代化"。高等教育作为人力资本积累和深化的关键阶段，政府对其进行的每一步改革不仅深刻影响着微观个体的未来发展，更关乎国家宏观可持续发展大计。1999年开展实施的高校扩招政策距今已接近20年，但其政策效果和实践程度是否符合预期等问题却一直受到学者的广泛关注。2018年8月教育部等三部门联合印发《关于高等学校加快"双一流"建设的指导意见》，提出"适度扩大博士研究生规模，加快发展博士专业学位研究生教育"，从中可以看出，教育扩张在一定程度上已面向更高层面和水平。由此，重新审视和判断历史上的高校扩招政策实施效果具有现实意义。

国务院出台的《面向21世纪教育振兴行动计划》是高等教育扩招的标志，也是高等教育大众化进程的关键起点。一方面，扩招政策缓解了当时巨大的社会就业压力。据国家统计局统计数据显示（见图5-1），自1977年国家恢复高考制度以来，高等学校在校学生数、招生人数和毕业生数虽略有增长，但增幅十分有限。扩招政策颁布后，三指标增长明显，尤其是在校学生数形成了爬坡式提升，由1999年的413.42万人增长到

2016 年的 2695.84 万人，增长约达 6.52 倍。如图 5 - 1 所示，从绝对数量上来看，扩招政策的实施的确产生了显著效果，作为劳动力就业人口的"蓄水池"起到了一定的作用。另一方面，扩招也带来了教育公平程度的显性提升，直观上，高校扩招政策为本来接受不了更高等教育的学生群体提供了更多的教育机会，高等教育可能不再仅仅是为少数精英人群通往上层阶级提供通道。

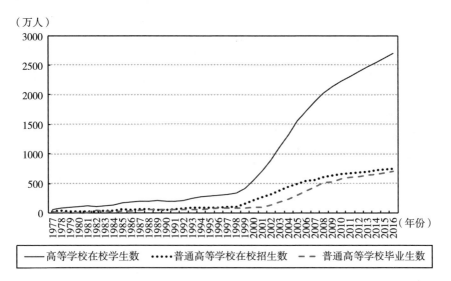

（万人）

图 5 - 1　中国普通高等教育增长趋势

资料来源：国家统计局。

然而，从另外一个角度看，扩招是否在真正意义上实现了高等教育机会平等仍需被考察。自 2006 年以来大学毕业生就业问题突出，随着《国家教育事业发展"十一五"规划》的出台，高校扩招幅度放缓（增幅约维持在 5%），截至 2018 年我国高等教育毛入学率达到 48.1%，即将但仍未迈入高等教育的普及化阶段。由于不同群体教育理念或教育成本负担方面存在差异，一些并不富裕、较低阶层或者资源获取劣势的家庭可能仍然会被动选择在接受高中阶段或更低阶段教育后直接进入劳动力市场，以规避市场就业的不确定性，换取可靠的现期收入和稳定就业。因此，扩招政策后可能存在的教育机会不平等与高等教育的持续发展景象相矛盾。因而，从微观个体的教育决策角度判断高校扩招的政策效果将十分必要，也是本章首先需要回答的问题。

虽然引致教育机会不平等的原因众多，但从我国高等教育发展客观角度上看，目前最主要的原因可能还是上升的教育成本导致的高等教育入学差异（靳振忠等，2018）。公共教育财政作为平衡不同区域、城乡以及阶层教育发展差距的重要手段，其在高等教育机会公平的维持和提升方面起到关键作用。1985年《中共中央关于教育体制改革的决定》中指出，对学习成绩优异的学生实行奖学金制度，对确有经济困难的学生给予必要的补助。1997年我国结束了高等教育阶段公费和自费并存的局面，转而实行统一收费制度，与此后的一系列改革形成了"奖助贷勤补减"的混合教育财政资助模式，为高等教育长久发展提供资金支持和政策支撑，也为教育公平的实现形成基础保障。高校扩招后，公共教育财政投入是否能继续在高等教育机会公平中发挥作用，是本章将要回答的另一个关键问题。

我们通过的历史文献回顾和梳理可以发现，国内外学者在高等教育背景下探讨教育机会均等大多基于单个层面或某几个层面，结合不同理论纳入的指标各有差异，一方面，这可能在一定程度上产生有偏的估计结果；另一方面，也是现有文献得出不同结论的潜在原因。本章将综合现有理论和假设，对我国高校扩招产生的高等教育机会不平等进行深入分析，以期得到更加可靠的结论。另外，尽管高等教育发展成本分担是当下发展趋势，但作为一种良性的准公共产品，财政性教育经费仍是我国高等教育发展的重要基础和物质保障（李立国，2014；王杰茹，2017），根据李煜（2006）提出的政策干预模式，政策干预会削弱家庭背景对入学机会的影响以及干扰代际不平等的长期传递。财政性教育经费投入是政府政策干预的一个重要方面（李文利，2006），它将直接或间接地影响到微观个体的教育决策，从而改变机会不平等的群体差异。然而，现有文献几乎没有将这一重要因素考虑其中，本章将在此进行拓展。

| 5.1　理论模型构建 |

　　本章主要基于高等教育扩招带来的教育机会均等在异质性群体间的分布情况，在试图纳入国家教育财政投入外生因素条件下，探究高等教育机会平等的微观实现机理及机制。本书的理论模型构建主要参考孟希（Munshi，2011）、邵宜航和徐菁（2017）。在模型中我们根据教育决策的理性选择理论纳入家庭收入（或职业水平）、根据文化资本理论纳入父代受教育程度，以及加入不可预知的其他因素来综合代表不同群体的阶层水平。同时，我们还纳入代表政策干预模式的国家教育财政投入变量。一方面，要先判断高等教育扩招前不同群体间的教育机会获得差异；另一方面，给出扩招政策实施后不同群体的变化情况，并探讨政府财政可能对家庭教育决策产生的影响。

　　具体地，假设全社会适龄群体的个人能力 ω_i 是在 [0，1] 区间上的均匀分布，属于不同群体的个人或家庭拥有接受高等教育和放弃接受高等教育的自由。若选择不接受高等教育，直接进入劳动力市场换取劳动报酬，则该劳动报酬为 S_0，此时该收入产生的效用为 $U_1 = \log S_0$；若选择接受高等教育，则未来进入劳动力市场将获得劳动报酬 S_1，同时，异质性群体进入高等教育所要承担的成本具有差异，导致其将得到不同的效用水平。在此，本书将异质性群体分为两类：一类称作"低群体"，即在家庭收入、职业层级、文化资本等各方面处于劣势的群体；另一类称作"高群体"，即"低群体"进入高等教育可能要付出更高的成本。假设两类群体中的个体高等教育进入成本分别为 $C_{i0}(G_0,\omega_i,e)$ 和 $C_{i1}(G_1,\omega_i,e)$，其中 G_0 和 G_1 分别表示群体的异质性因素，如阶层水平。为便于分析，我们进一步假设：

$$C_{i0}(G_0,\omega_i,e) = \frac{1}{\omega_i G_0 e^{\mu_1}}, C_{i1}(G_1,\omega_i,e) = \frac{1}{\omega_i G_0 e^{\mu_2}}$$

　　另外，结合教育微观决策相关理论，本书再将异质性因素设为如下形式（以家庭收入和父代受教育水平为例）：

$$G_0(Y,E,O,R) = \frac{Y^{\alpha_1}E^{\beta_1}O^{\tau_1}}{R^{\theta_1}}, G_1(Y,E,O,R) = \frac{Y^{\alpha_2}E^{\beta_2}O^{\tau_2}}{R^{\theta_2}}$$

其中，Y、E、O 和 R 分别表示家庭收入水平、父代受教育水平、其他差异因素和政府教育财政的外生投入。据现有研究显示，通常情况下，收入和受教育程度越高，该群体所属的阶层水平越高，于是存在参数关系 $\alpha_1 > \alpha_2 > 0$ 和 $\beta_1 > \beta_2 > 0$，另外扩招在一定程度上侧面降低了低群体的决策成本（$\mu_1 > \mu_2$），τ_1、τ_2、θ_1、θ_2 在两类群体间的关系并不明确。在以上假设条件下，两群体的效用可写成：

$$低群体：U_2 = \log S_1 - C_{i0}(G_0,\omega_i,e) = \log S_1 - \frac{R^{\theta_1}}{\omega_i Y^{\alpha_1}E^{\beta_1}O^{\tau_1}e^{\mu_1}}$$

$$高群体：U_3 = \log S_1 - C_{i1}(G_1,\omega_i,e) = \log S_1 - \frac{R^{\theta_2}}{\omega_i Y^{\alpha_2}E^{\beta_2}O^{\tau_2}e^{\mu_2}}$$

显然，不论是低群体还是高群体都会根据其效用大小进行教育决策，其临界在于接受和不接受高等教育所产生的效用相等。对于低群体来说，由 $U_1 = U_2$ 可以得到最优个体能力 $\omega_i^* = \frac{1}{\log(S_1/S_0)} R^{\theta_1}Y^{-\alpha_1}E^{-\beta_1}O^{-\tau_1}e^{-\mu_1}$，同理对于高群体来说，由 $U_1 = U_3$ 可以到最优个体能力 $\omega_i^* = \frac{1}{\log(S_1/S_0)}$ $R^{\theta_2}Y^{-\alpha_2}E^{-\beta_2}O^{-\tau_2}e^{-\mu_2}$。当 $\omega_i > \omega_i^*$ 时，两群体都将选择接受高等教育，反之将放弃继续深造的机会。最优个体能力公式反映了其将和以上纳入的变量存在关系。

首先，我们判断收入水平在扩招前后影响不同群体入学机会的情况，将最优个体能力对收入变量求导，可得：

$$低群体：\frac{\partial \omega_i^*}{\partial Y} = -\alpha_1 \frac{R^{\theta_1}O^{-\tau_1}E^{-\beta_1}e^{-\mu_1}}{\log(S_1/S_0)}Y^{-\alpha_1-1}$$

$$高群体：\frac{\partial \omega_i^*}{\partial Y} = -\alpha_2 \frac{R^{\theta_2}O^{-\tau_2}E^{-\beta_2}e^{-\mu_2}}{\log(S_1/S_0)}Y^{-\alpha_2-1}$$

一方面，由参数关系和大小可知，$\left(\frac{\partial \omega_i^*}{\partial Y}\right)_{低群体} < 0$ 且 $\left(\frac{\partial \omega_i^*}{\partial Y}\right)_{高群体} < 0$，说明不论处于哪种阶层水平，收入提升将降低进入高等教育的个体能力

最优节点；另一方面，从上述两式可以发现，即使政府教育财政投入、其他差异因素等不具有差别，即 $\tau_1 = \tau_2$、$\theta_1 = \theta_2$，也无法进行两种群体之间的教育机会差异对比。更进一步地，以上特征如何随着高校扩招政策而演变，需要我们再对扩招变量求导，可得：

$$\text{低群体：} \frac{\partial^2 \omega_i^*}{\partial Y \partial e} = \alpha_1 \mu_1 \frac{R^{\theta_1} O^{-\tau_1} E^{-\beta_1}}{\log(S_1/S_0)} Y^{-\alpha_1-1} e^{-\mu_1-1}$$

$$\text{高群体：} \frac{\partial^2 \omega_i^*}{\partial Y \partial e} = \alpha_2 \mu_2 \frac{R^{\theta_2} O^{-\tau_2} E^{-\beta_2}}{\log(S_1/S_0)} Y^{-\alpha_2-1} e^{-\mu_2-1}$$

整体上来看，$\left(\dfrac{\partial^2 \omega_i^*}{\partial Y \partial e}\right)_{\text{低群体}} > 0$ 且 $\left(\dfrac{\partial^2 \omega_i^*}{\partial Y \partial e}\right)_{\text{高群体}} > 0$，即随着高校扩招的开展，家庭收入提升对个体能力最优节点的降低效果将在该类群体内部减小，换句话说，扩招政策缩小了同质群体内的教育机会不平等。同样，低群体和高群体之间仍无法开展对比，因此，不同群体间的教育机会不平等还需运用具体数据实证考察。相同地，针对父代受教育程度和其他差异因素亦是如此，不再赘述。然而，无论是扩招前还是扩招后，国家教育财政投入都可以作为微观个体教育决策的关键变量，且外生可控，θ_1 和 θ_2 正负大小及关系，将作用于两类群体中个体的能力最优节点，若 θ_1 和 θ_2 绝对值相对其他参数较大，则将形成影响高等教育机会不平等的路径。具体来看，存在如下情形：（1）$\theta_1 > \theta_2 > 0$，即教育财政投入更加偏向于高群体但都提高了二者的入学成本；（2）$\theta_2 > \theta_1 > 0$，即教育财政投入更加偏向于低群体但都提高了二者的入学成本；（3）$\theta_1 < \theta_2 < 0$，即教育财政投入更加偏向于低群体但都降低了二者的入学成本；（4）$\theta_2 < \theta_1 < 0$，即教育财政投入更加偏向于高群体但都降低了二者的入学成本；（5）$\theta_2 = \theta_1 > 0$，即教育财政投入无偏向性但都提高了二者的入学成本；（6）$\theta_1 = \theta_2 < 0$，即教育财政投入无偏向性但都降低了二者的入学成本。

本章构建的理论模型仅简单地从某一异质性角度开展，群体异质性包含各个方面，结合上述分析，我们在此提出如下假设：第一，异质性因素将必然对高等教育机会均等产生影响，在高校扩招政策实施条件下，群体内部机会不平等程度降低，但对群体间的作用情况有待考察，本书以下实证将首先尝试判断出关键影响因素；第二，国家教育财政可能影响微观个体教育决策，其通过作用于关键异质性因素，进而对不同群体的教育机会变化产生一定的效应。

| 5.2 数据来源及变量选择 |

5.2.1 数据来源

本章将利用中国家庭跟踪调查数据库（CFPS）开展实证研究，CFPS是由北京大学中国社会科学调查中心（ISSS）执行的大型微观调查数据库，每两年进行一轮，旨在通过跟踪收集社区、家庭、个体三个层面的数据，反映中国社会、经济、人口、教育等重要指标的动态特征。在数据库选择上，一方面考虑到被访对象的稳定性，另一方面考虑到所要收集指标和数据的可获得性，本章选取其基线调查为主要研究数据。CFPS2010 年基线调查为本地调查，重点完成了对样本村/居内的样本家户和家庭成员以及外出到本区/县范围内的个人的访问，同时也在家庭成员问卷中通过他人代答的方式收集了调查当时不在家的家庭成员的基本信息，采用的是分层多阶段抽样方法，获取了 25 个省（区、市）162 个县市635 个社区的 14960 个家户 42590 位个体的样本数据，具有较强的代表性。

5.2.2 变量说明及处理

1. 被解释变量

本章重点关注的是高等教育机会平等问题，因而入学机会将被我们所考察。CFPS 中提供了被访者的最高学历状态，并通过其他相关问题的逻辑与联系形成了个体的最佳高学历状态变量，该变量取值为 1 ~ 8，分别代表幼儿园、小学、初中、高中、大专、本科、硕士和博士。我们将个体最高学历 1~4 定义为未接受高等教育，将 5~8 定义为接受高等教育，由此生成"是否接受高等教育"的 0~1 虚拟被解释变量（接受高等教育 =1）。

需要注意的是，个体最高学历获得需要结合年龄，过小的年龄将导致其达不到获得高等教育的条件，因此按 1978 年后的学制计算，我们剔除了个体年龄小于 22 岁的样本，最大可能地降低估计偏误。另外，我国高考制度恢复于 1978 年，在该时期之前获得高等教育的群体主要是通过"推荐"和"政治保送"方式进行，即为当时的"工农兵大学生"群体（张兆曙和陈奇，2013），为最大限度剔除该群体带来的影响，我们按 6 岁入学年龄及 9 岁中小学学制进行推算，最终保留 1963 年及其之后出生的样本，以保证个体具有只能通过选拔性考试才能获得高等教育机会的特征。

2. 解释变量

本章实证基于我国的高校扩招背景，一个核心解释变量为是否经历高校扩招的二值分类变量。判断样本是否经历该政策同样需要结合年龄，高校扩招于 1999 年开始实施，若以 1978 年后的学制计算，那么在 22 岁之前获得本科学历的群体将成为未经历扩招的样本，这部分样本出生于 1980 年之前，根据年龄或出生年份，我们将生成该解释变量来代表样本是否经历扩招（经历扩招 =1）。另一个核心解释变量为国家财政性教育经费投入，我们假设 18 岁为高考的适龄年龄，依据出生年份和适龄年龄推算后得到虚拟高考年份并结合其所在地的信息，将其主数据集进行匹配，生成一个连续型的代表政府公共教育投入的指标。

另外，不同于现有文献从单一角度或某几方面开展相关类似研究，本章尝试结合现有理论纳入相关个体异质性指标，以期更为全面地考察高校扩招背景下的高等教育机会公平性问题。

首先，文化资本是家庭背景的重要方面，也是教育获得形成的中间作用机制，更是阶层地位再生产的中间环节。一方面，大多数文献在研究文化资本和教育获得关系中仅考虑到父亲文化程度的作用，而文化资本对教育获得的影响不仅仅只通过父亲文化程度形成通道，和子辈同住的任何家庭成员的文化资本水平都将产生作用效果；另一方面，现有文献大多利用父代职业等级或收入水平作为阶层划分的代理变量，两者均为时变变量，而文化资本在短期内，或者处于同一时期的不同家庭的文化资本相对程度并不会产生结构性变动。考察到以上两点，在此我们根据文化资本理论的阐述纳入受教育水平综合变量，同时体现家庭文化资本影响和阶层差异情况，CFPS 中分别包含了父亲和母亲的最高学历，我们选取两者学历较高的文化程度作为该指标取值，用以衡量家庭文化资本水平，取值为 1~8，包含了文盲/半文盲到博士八个等级。

其次，阶层差异的另一体现在于不同个体呈现的城乡属性，根据我国的现有户籍制度，高等教育获得城乡差异也将被我们所考察，关于该变量的选取，CFPS 提供了三种判断样本户口的变量，分别为现在户口、3 岁时的户口和 12 岁时的户口，以往研究一般通过父亲户口来判断城乡属性，但路晓峰等（2016）认为父亲户口是时变的，父亲当前户口状态同子代参加高考时的户口状态未必相同，因而选取样本个体 12 岁时的户口状态作为高等教育适龄人的城乡划分依据，其认为除家属随转或者征地等个别原因外，样本在参加高考前一般不太可能由于参军、招工、转干等原因而转换户口状态，本书因此也将选取该指标并纳入分析（非农户口 =1）。另外，布莱克（Blake, 1981）提出的资源稀释理论指出，兄弟姐妹人数与给予每个孩子的资源分配多寡呈负相关，数量增多将导致个体的家庭资源分配份额减少，进而对教育成就和教育获得产生负面影响。因而本书将其纳入研究分析中，CFPS 中"请问您一共有几个兄弟姐妹"的问卷问题直接为我们提供相关数据。此外，为最大可能体现个体异质性，我们还考量了高等教育机会获得的性别差异（男 =1）、民族差异（汉族 =1）、家庭政治资本差异（中共党员 =1）以及添加了地区固定效应。

对包含以上变量的全部样本进行异常值和缺失值删除后，我们最终得到 12612 个观察单位，该样本容量为大样本统计推断可靠性提供基础，具体的描述性统计见表 5 – 1。总体上来看，11% 的个体获得了本科以上学历，而接近 1/3 的个体受到了高校扩招政策潜在影响，个体 12 岁时是非农户口占比 15%，样本中男女比例均衡，民族为汉的个体占据大多数（91%），平均每个个体拥有不到 3 个兄弟姐妹，另外，东、中、西部地区样本分别占 43%、30%、27%，区域分布较为均匀。

表 5 – 1　　　　　　　　　　主要变量的描述性统计

变量名称	观测值	均值	标准差	最小值	最大值
高等教育获得	12612	0.11	0.32	0	1
是否扩招	12612	0.28	0.45	0	1
高等教育财政	12612	19.55	34.83	0.06	302.12
12 岁时户口	12612	0.15	0.36	0	1
性别	12612	0.48	0.50	0	1
家庭文化资本	12612	2.21	1.16	1	8
是否党员	12612	0.17	0.38	0	1
民族	12612	0.91	0.28	0	1
兄弟姐妹数	12612	2.55	1.77	0	13
东部	12612	0.43	0.50	0	1
中部	12612	0.30	0.46	0	1

资料来源：CFPS 数据库及 1998 ~ 2016 年《中国教育经费统计年鉴》。

| 5.3　经验分析 |

在高校扩招背景下，个体高等教育机会平等存在的异质性差异是否产生变化，政府的外生冲击政策能否在其中起到一定的作用是后面将要检验的主要问题，另外，通过理论模型可知，同质群体内部和不同群体之间的机会平等情况也需要被验证和考察。

5.3.1 实证策略

本部分的实证策略为在计量模型中依次加入个体异质性指标、高校扩招指标以及两者的交互因素。首先，本节在此建立如下高等教育机会获得的基准计量模型，基准回归包含了除高校扩招因素的其他变量并控制了地区固定效应。由于被解释变量高等教育获得是 0~1 的二值变量，采用普通最小二乘法（ordinary least square，OLS）将无法满足误差服从正态分布的假设，同时由于 $E(y \mid x)$ 的非线性性质，OLS 和 WLS 估计方法不再适用。因此，我们转而建立 Logistic 模型，利用极大似然法（maximum likelihood，ML）进行估计，极大似然估计基于 y 在给定 x 下的分布，所以 $\mathrm{Var}(y \mid x)$ 中的异方差性自动得到解释，具体模型如下：

$$\ln\left(\frac{P_{edu}}{1-P_{edu}}\right) = \delta_0 + \delta_1 urban12 + \delta_2 male$$

$$+ \delta_3 famedu + \delta_4 party + \delta_5 nation + \delta_6 sibbing + \gamma_i + \varepsilon$$

$$(5-1)$$

式（5-1）为本节的基准回归模型，其中 edu 代表高等教育机会获得，P_{edu} 为其获得概率，被解释变量为对数发生比。式（5-1）右边的变量分别代表了样本个体 12 岁时的户口状况、性别、家庭文化资本、政治资本、民族成分及兄弟姐妹数量，γ_i 为地区固定效应，系数 δ_i 分别为在其他因素不变的条件下，各因素对个体是否获得高等教育概率对数发生比的边际贡献，ε 为模型误差项。

其次，在基准模型基础上，我们再依次纳入高校扩招变量及其与异质性因素的交互，用以判断扩招政策下个体异质性对高等教育入学机会的影响，模型如下：

$$\ln\left(\frac{P_{edu}}{1-P_{edu}}\right) = \delta_0 + \beta expand + \delta_i X_i + \theta_i expand \times X_i + \gamma_i + \varepsilon \quad (5-2)$$

其中，$expand$ 为个体是否经历扩招的二值变量，β 为其边际贡献，X_i 为个体异质性因素变量集，θ_i 分别表示高校扩招与各因素交互作用的边际贡献,该系数意在判断扩招前后个体异质性对高等教育入学机会的潜在变化。同样,γ_i 为地区固定效应,ε 为模型误差项。此外,考虑到微观调查处同一地区的个体之间可能存在相关性,导致统计推断不可靠,本节在具体回归中将残差聚类(Cluster)到省级层面,提供残差的异方差 - 聚类稳健标准误。

5.3.2 高等教育机会平等的初步判别

表5-2给出了有序纳入变量条件下相应的高等教育机会获得估计结果。模型(1)未包含扩招因素以及交互作用,考察的是异质性因素对高等教育机会获得的直接影响。整体来看,个体12岁时的户口情况、代表家庭文化资本的父代受教育程度、家庭政治资本以及兄弟姐妹数量对被调查对象的高等教育机会获得产生显著影响,性别和民族在统计上并不显著。具体来看,对被解释变量影响较大的是个体的城乡属性,估计系数显示,非农户口个体参与高等教育概率是农业户口个体的3.56倍($=e^{1.2696}$),城乡差异明显。性别变量虽无法拒绝原假设,但系数正负仍可给出男女差异的潜在关系,即男性可能比女性拥有更高概率的入学机会,民族成分同性别相似,另外,父代政治参与对子代教育获得产生正向影响。结果中家庭文化资本和兄弟姐妹个数的估计系数在一定程度上验证了文化资本理论和资源稀释理论的阐述,具体而言,家庭内的父母一方拥有较高等的学历水平,其对子代获得更高等的教育水平存在显著的正向效应,父代学历水平每上升一个等级,子代获得高等教育机会增加74.35%($=e^{0.5559}-1$),而同代的兄弟姐妹数量增加一个单位,入学概率将降低29.69%($=e^{-0.3522}-1$)。

表5-2的模型(2)加入了反映个体是否经历高校扩招政策的二值虚拟变量。估计结果显示,我们关心的扩招变量估计系数在1%水平下显著不为零,表明扩招对个体的高等教育入学机会产生了十分显著的正向效果,政策的实施起到了教育扩展的作用,在其他条件不变的条件下,扩招带来了53.07%($=e^{0.4257}-1$)的高等教育机会获得的概率提升。此

表 5-2　　　　　　　　　　　　　基准回归估计结果

解释变量	被解释变量：高等教育机会获得		
	模型（1）	模型（2）	模型（3）
expand		0.4257 ***	1.0343 ***
		(0.08)	(0.27)
urban_12	1.2696 ***	1.3231 ***	1.2708 ***
	(0.10)	(0.11)	(0.14)
Male	0.0113	0.0205	0.3188 ***
	(0.10)	(0.10)	(0.10)
f_edu	0.5559 ***	0.5263 ***	0.5522 ***
	(0.04)	(0.04)	(0.04)
f_party	0.3738 ***	0.4351 ***	0.4055 ***
	(0.13)	(0.12)	(0.13)
Nation	0.2971	0.3163 *	0.2242
	(0.19)	(0.19)	(0.21)
Sibbing	-0.3522 ***	-0.2894 ***	-0.2456 ***
	(0.06)	(0.06)	(0.05)
expa_urban12			0.0144
			(0.14)
expa_male			-0.6996 ***
			(0.10)
expa_fedu			-0.0614
			(0.07)
expa_fparty			0.1145
			(0.13)
expa_nation			0.1937
			(0.30)
expa_sibbing			-0.1978 **
			(0.09)
_cons	-3.6972 ***	-3.9575 ***	-4.1758 ***
	(0.25)	(0.26)	(0.29)
地区固定效应	Yes	Yes	Yes
N	12612	12612	12612
Chi^2	2574.01	3665.34	9947.60
Pseudo. R-Square	0.24	0.25	0.25

注：由于调查涉及省级层面，同省个体可能存在误差相关导致推断不稳健，为此本书将误差进行区域聚类，圆括号内为异方差-聚类稳健标准误，同时还报告了伪 R-squared 和 Wald 统计量。另外，*、** 和 *** 分别表示估计系数在10%、5%和1%的显著性水平上通过检验。

外，在加入扩招因素后，其他变量的显著和方向没有根本性变化，但影响程度存在差异。具体而言，城乡差异略微加大，性别变量虽不显著，但绝对大小也在扩大，家庭政治资本和兄弟姐妹数的估计系数提高，家庭文化资本影响程度降低，民族成分变量显著性发生改变，该模型下，其在 10% 水平下通过检验，汉族个体高等教育获得概率是少数民族个体的 1.37 倍（$=e^{0.3163}$）。

通过模型（1）和模型（2）可知，高等教育机会平等存在个体异质性，扩招政策对个体进入高等教育产生显著促进作用，同时，个体异质性在扩招因素的加入后发生了边际效应程度大小的改变，由此说明我们需要更进一步地控制扩招因素和异质性因素的交互，用以判断高校扩招背景下，异质性因素对个体高等教育机会获得的变化情况。模型（3）给出了相应的估计结果，纳入扩招和各其他因素的交互项后，我们发现，扩招对被解释变量的作用更加明显，扩招后的个体高等教育获得是扩招前的 2.81 倍（$=e^{1.0343}$）。除性别由不显著变成显著以外，其他各因素的主效应系数显著性和大小未发生较大变化。从关键的交互效应来看，性别和同代兄弟姐妹数量系数在统计上显著不为零，性别差异在扩招前，高等教育机会获得是未获得的 1.38 倍（$=e^{0.3188}$），而在扩招后为 0.68 倍（$=e^{-0.6996+0.3188}$），说明高等教育机会的性别差异在扩招后进一步缩小，同样，兄弟姐妹数的扩招前后差异也并未扩大。另外，从模型（3）的其他因素主效应来看，城乡差异仍然最为突出，在加入交互作用后，主效应显著为正，虽然其与扩招变量的交互项并不显著，但从交互系数大小来看，仍然存在扩招带来城乡差异扩大的可能。民族成分系数再次显示不显著，扩招可能缩小家庭文化资本对个体高等教育机会获得的概率，而可能强化政治资本在入学机会中发挥的作用。

由表 5-2 报告的伪 R-squared 和 Wald 统计量值可以看出，估计结果的可靠性在一定程度上可以得到保证。通过以上三种模型，我们可知，不同群体间的高等教育机会异质性差异在扩招背景下表现不同，其中城乡属性差异、性别特征差异和资源占有差异是高等教育机会平等考察中需要重点关注的成分。更进一步地，如下实证重点在于，一方面，以上三类因素在群体内部的表现还需被验证；另一方面，国家财政性教育经费投入是否对其产生影响以及效应大小是后面关注的重点。

5.3.3 高等教育机会平等的进一步考察

上一部分通过一种类似 DID（difference in difference）的方式验证了在扩招政策实施前后，不同群体间的异质因素对个体高等教育机会获得产生的具体影响。在所得结论上我们认为城乡属性差异、性别特征差异和资源占有差异是目前高等教育机会不平等产生的重要原因，因此如下实证将开展分样本回归，换言之，通过分样本具体探讨群体内部的因素作用情况。

表 5-3 按城乡属性分别估计了农业户口人群和非农户口人群的高等教育获得差异情况。横向来看，模型（1）和模型（3）代表了未包含扩招因素的异质性影响，可以看出，农村男性接受高等教育的机会可能更大，但并不显著，可能的原因是对于农村群体来说，高等教育获得的受制因素或者说是约束条件太多，而性别可能存在于条件影响之中，城市样本的报告中，女性进入高等教育的机会是男性的 1.28 倍（$=1/e^{-0.2433}$）且在 10% 水平下显著，城市群体更加注重对女孩的教育投资，但整体上来看，城乡的高等教育机会差异并不明显。同辈数目的估计系数符合预期，农村群体多生一个子女，将带来 27.65% 的入学概率降低，而城市则带来 33.77% 的概率降低，可见同辈数目对城市群体的影响相对较大，至此验证了城乡分样本的群体内高等教育机会获得差异的存在。模型（2）和模型（4）加入了扩招及其交互因素，明显看出，扩招对农村群体作用显著，在该群体中扩招引起的高等教育机会增长了 304.63%，而对城市群体并无统计上显著作用且估计系数相对较小。性别变量及其交互项系数意味着，扩招对农村群体的入学机会性别差异的缩小大于城市群体，同辈数目在两群体间都显著为负，同样扩招也只对农村群体产生影响。

表 5 - 3　　　　　　　　分样本回归估计结果（城乡属性）

解释变量	被解释变量：高等教育机会获得			
	农村样本		城市样本	
	模型（1）	模型（2）	模型（3）	模型（4）
expand		1.3978 ***		0.3347
		(0.43)		(0.60)
male	0.1647	0.4901 ***	- 0.2433 *	0.0375
	(0.12)	(0.14)	(0.15)	(0.12)
f_edu	0.5585 ***	0.5702 ***	0.5353 ***	0.5087 ***
	(0.04)	(0.03)	(0.06)	(0.08)
f_party	0.4324 ***	0.4112 ***	0.3085 *	0.3983 ***
	(0.12)	(0.13)	(0.16)	(0.15)
nation	0.3283	0.3554	0.2503	- 0.1015
	(0.21)	(0.26)	(0.22)	(0.29)
sibbing	- 0.3237 ***	- 0.2191 ***	- 0.4120 ***	- 0.2976 ***
	(0.06)	(0.05)	(0.08)	(0.08)
expa_male		- 0.7372 ***		- 0.6583 ***
		(0.13)		(0.20)
expa_fedu		- 0.1173		0.0568
		(0.08)		(0.16)
expa_fparty		0.2376		- 0.0827
		(0.18)		(0.25)
expa_nation		- 0.0131		0.9655 **
		(0.40)		(0.48)
expa_sibbing		- 0.2119 **		- 0.1831
		(0.10)		(0.18)
_cons	- 4.0838 ***	- 4.7003 ***	- 1.5369 ***	- 1.7486 ***
	(0.25)	(0.32)	(0.27)	(0.34)
地区固定效应	Yes	Yes	Yes	Yes
N	10681	10681	1931	1931
Chi^2	1538.15	5499.20	192.52	1410.85
Pseudo. R-Square	0.11	0.12	0.16	0.18

注：由于调查涉及省级层面，同省个体可能存在误差相关导致推断不稳健，为此本书将误差进行区域聚类，圆括号内为异方差 - 聚类稳健标准误，同时还报告了伪 R-squared 和 Wald 统计量。另外，* 、** 和 *** 分别表示估计系数在 10% 、5% 和 1% 的显著性水平上通过检验。

表 5 - 4 给出了男女的性别分样本估计结果。从整体上来看，男女群体的各系数大小和方向符合预期。在不考虑扩招因素的条件下，除个体民族成分对高等教育机会不产生统计显著的影响外（男性样本产生正向影响），其余各变量均存在至少 5% 水平的显著作用，验证了性别分样本的群体内高等教育机会获得差异的存在。具体地，女性样本的城乡机会获得差异比男性大（非农女性是农村女性的 3.83 倍。非农男性是农村男性的 3.31 倍），女性样本的家庭文化资本作用程度比男性群体强，但作用效果差异不大（父代受教育程度每提高一个水平，女性的高等教育机会获得概率提高 80.11%，而男性提高 71.14%），家庭政治资本的群体内影响程度相对其他变量最低，其中男性群体的教育机会获得效果高于女性。另外，同辈数目的估计结果显示，女性的兄弟姐妹数增加一个单位对降低高等教育入学概率的影响程度高于男性，前者降低 39.92%（ $= e^{-0.5095} - 1$ ），后者降低 19.82%（ $= e^{-0.2209} - 1$ ）。模型（2）和模型（4）加入了扩招因素及其和各因素的交互，结果表明，扩招对女性群体的高等教育获得起到了显著的提升作用，经历扩招是未经历扩招的 2.46 倍（ $= e^{0.9017}$ ），而在男性群体中不显著。同时，在该分样本回归中，我们未能发现扩招和其他异质性因素对高等教育机会获得的联动影响证据，但是扩招因素的加入也改变了各因素的作用程度。

表 5 - 4 分样本回归估计结果（性别特征）

解释变量	被解释变量：高等教育机会获得			
	女性样本		男性样本	
	模型（1）	模型（2）	模型（3）	模型（4）
expand		0.9017 ** (0.45)		0.2814 (0.59)
urban_12	1.3415 *** (0.14)	1.4069 *** (0.18)	1.1975 *** (0.13)	1.1566 *** (0.17)
f_edu	0.5884 *** (0.05)	0.5794 *** (0.05)	0.5373 *** (0.05)	0.5338 *** (0.05)
f_party	0.3005 ** (0.15)	0.2986 ** (0.13)	0.4587 *** (0.13)	0.4944 *** (0.15)

续表

解释变量	被解释变量：高等教育机会获得			
	女性样本		男性样本	
	模型（1）	模型（2）	模型（3）	模型（4）
nation	0.1192 (0.27)	0.1153 (0.26)	0.5229 ** (0.21)	0.3458 (0.24)
sibbing	−0.5095 *** (0.08)	−0.3768 *** (0.07)	−0.2209 *** (0.05)	−0.1533 *** (0.05)
expa_urban12		−0.0373 (0.24)		0.0738 (0.19)
expa_fedu		−0.0852 (0.11)		−0.0415 (0.10)
expa_fparty		0.3000 (0.19)		−0.0142 (0.17)
expa_nation		0.0571 (0.30)		0.4477 (0.58)
expa_sibbing		−0.1517 (0.11)		−0.1787 (0.13)
_cons	−3.5475 *** (0.31)	−4.0247 *** (0.35)	−3.9068 *** (0.27)	−4.0061 *** (0.28)
地区固定效应	Yes	Yes	Yes	Yes
N	6516	6516	6096	6096
Chi^2	356.20	1113.90	1497.36	6428.92
Pseudo. R-Square	0.29	0.30	0.21	0.21

注：由于调查涉及省级层面，同省个体可能存在误差相关导致推断不稳健，为此本书将误差进行区域聚类，圆括号内为异方差－聚类稳健标准误，同时还报告了伪 R－squared 和 Wald 统计量。另外，** 和 *** 分别表示估计系数在5%和1%的显著性水平上通过检验。

我们利用兄弟姐妹数目变量生成了代表资源占有状态的"是否独生"变量，据此开展分样本回归，表5－5给出了资源占有的分样本估计结果。和性别分样本情况一致，除民族成分在不同资源占有样本下不显著以外，其余各变量基本显著且符号符合预期，验证了资源占有分样本的群体内高等教育机会获得差异的存在。具体来看，模型（1）和模型（3）估计结果显示，非农户口和拥有更高家庭文化资本的独生子女高等教育入学概率显著高于非独生子女群体，城乡属性的作用程度最大，其中非农户口的独生群体入学概率是农业户口的 3.54 倍（$=e^{1.2649}$），而这一概率差异在非独生群体中为 4.10 倍。另外，在独生群体中，性别显著为正，男性入学概率比女性高出 16.39%（$=e^{0.1518}-1$），而在非独生群体中不显著，家庭政治资本情况与其相同。模型（2）和模型（4）表明，对于独生群体的高等教育机会获得，经历扩招是未经历扩招的 6.05 倍（$=e^{1.8004}$），可能由于不同群体的样本容量差异，该结果仅在 10% 水平下统计显著，而在非独生群体更加显著的估计系数说明了扩招对该群体的影响可能更大，这一结果符合直觉。扩招与异质性因素的交互项系数给出了分样本回归更加细致的结论，例如，扩招对农村户口的独生群体高等教育获得产生更明显的正向影响，缩小了不同群体高等教育获得的性别差异，且对独生女性群体作用更加明显。

表 5-5　　　　　　　　　分样本回归估计结果（资源占有）

解释变量	被解释变量：高等教育机会获得			
	非独生		独生	
	模型（1）	模型（2）	模型（3）	模型（4）
expand		1.0896 *** (0.29)		1.8004 * (0.95)
urban_12	1.2649 *** (0.11)	1.3197 *** (0.14)	1.4100 *** (0.16)	1.8690 *** (0.33)
male	0.1518 ** (0.07)	0.3511 *** (0.09)	-0.3338 (0.26)	0.5833 (0.44)
f_edu	0.6031 *** (0.04)	0.5835 *** (0.04)	0.7232 *** (0.08)	0.7757 *** (0.20)
f_party	0.3909 *** (0.09)	0.3992 *** (0.11)	0.1317 (0.23)	0.3031 (0.43)
nation	0.2850 (0.20)	0.3332 (0.24)	0.4627 (0.34)	-0.4961 (0.52)
expa_urban12		0.0990 (0.21)		-0.6100 * (0.33)

解释变量	被解释变量：高等教育机会获得			
	非独生		独生	
	模型（1）	模型（2）	模型（3）	模型（4）
expa_male		− 0. 5343 ***		− 1. 1892 ***
		（0. 13）		（0. 36）
expa_fedu		− 0. 1173 *		− 0. 1618
		（0. 07）		（0. 26）
expa_fparty		0. 3323 *		− 0. 1141
		（0. 18）		（0. 39）
expa_nation		0. 0006		1. 2593 *
		（0. 34）		（0. 75）
_cons	− 4. 7220 ***	− 5. 0245 ***	− 4. 2131 ***	− 5. 2934 ***
	（0. 26）	（0. 29）	（0. 40）	（0. 62）
地区固定效应	Yes	Yes	Yes	Yes
N	11361	11361	1251	1251
Chi^2	1508. 40	5998. 93	380. 21	1650. 37
Pseudo. R-Square	0. 16	0. 17	0. 25	0. 27

注：由于调查涉及省级层面，同省个体可能存在误差相关导致推断不稳健，为此本书将误差进行区域聚类，圆括号内为异方差 – 聚类稳健性标准误，同时还报告了伪 R – squared 和 Wald 统计量。另外，＊、∗∗ 和 ∗∗∗ 分别表示估计系数在 10%、5% 和 1% 的显著性水平上通过检验。

5.3.4　国家教育财政如何影响高等教育机会平等

至此，我们针对城乡属性、性别特征和资源占有的高等教育机会差异情况分别进行了检验，验证了群体内部的异质性差异存在，并得出了扩招对其影响的具体结果和结论。更进一步地，根据理论模型，国家教育财政投入是否对高等教育机会的异质性差异产生作用还需被考察，如下我们将建立三重差分模型（triple difference）考察其在高等教育机会获得中扮演的作用。我们所要建立的计量模型如下：

$$\ln\left(\frac{P_{edu}}{1 - P_{edu}}\right) = \delta_0 + \delta_1 expand + \delta_2 revenue + \delta_i X_i$$

$$+ \theta_i \times expand \times revenue \times X_i + \delta_j Z_j + \gamma_i + \varepsilon \quad (5 - 3)$$

其中，edu 代表高等教育机会获得，P_{edu} 为其获得概率，被解释变量为对数发生比。式（5-3）左边包含了扩招和个体特征指标，X_i 为需要被考察的三种个体异质性差异，分别是个体的城乡属性、性别特征和资源占有；δ_i 分别为其对高等教育获得概率发生比的边际效应。Z_j 为其他控制变量以及交互项，γ_i 为地区固定效应，ε 为模型误差项。本部分的重点在于，我们在回归模型中纳入了代表国家教育财政投入变量，并将其同扩招和个体重点关注异质性指标形成交互，考察在扩招背景下，政府在个体高等教育获得中起到的作用。

为了最大可能体现国家教育财政投入的作用，我们选取了"普通高等学校教育经费支出"。一方面，本书定义的高等教育学历限于普通高等学校，若用总的高等教育经费支出，则包含了成人高等教育经费支出，这对估计结果将可能产生影响；另一方面，利用支出指标而不是投入指标，是考虑到经费支出代表了实际发生，而后者则是一种经费资源的分配，为反映资源作用效果，支出类指标更值得被纳入。该指标数据来源于历年的《中国教育经费统计年鉴》，根据样本中个体出生年份和高考适龄年龄，我们获取到个体高考当年的该指标数值，即 1981~2007 年各省（区、市）的普通高等学校教育经费支出。为尽可能获取到完整数据，我们利用现有可得数据（1997~2015 年）依次计算各地区的经费支出年增长率，以年均增长率反推往年数据。最终，根据个体高考所在地和高考报考年份，将该数据与主数据集进行了匹配。表 5-6 首先在全样本条件下整体考察国家教育财政产生的具体影响。

表 5-6 中的模型（1）估计了不包含二次和三次交互的情形，结果显示，高校扩招对高等教育获得未产生统计上显著的影响，但系数符号说明了扩招可能增加个体接受高等教育的概率。核心的教育财政变量在 5% 水平下显著为正，说明财政投入增加将提高受到更高等教育水平的机会，城乡属性同样是个体高等教育获得差异的关键所在，非农户口个体参与高等教育概率是农业户口个体的 3.69 倍（$=e^{1.3065}$），性别特征差异并不明显，有待继续考察，资源占有情况表明，同代的兄弟姐妹数量增加一个单位，入学概率将降低 24.56%（$=e^{-0.2818}-1$）。

表 5 - 6　　　　　　　考虑公共教育财政的全样本估计结果

解释变量	被解释变量：高等教育机会获得	
	模型（1）	模型（2）
expand	0.1836	0.9813 ***
	(0.15)	(0.31)
revenue	0.0042 **	0.0530 ***
	(0.00)	(0.01)
urban_12	1.3065 ***	1.2537 ***
	(0.11)	(0.13)
male	0.0219	0.3268 ***
	(0.10)	(0.10)
sibbing	- 0.2818 ***	- 0.1665 ***
	(0.06)	(0.03)
expa_rev		- 0.0461 ***
		(0.01)
expa_urban12		0.2394
		(0.20)
expa_male		- 0.3628 *
		(0.21)
expa_sibbing		- 0.2056 **
		(0.09)
expa_rev_urban		- 0.0028 *
		(0.00)
expa_rev_male		- 0.0049 *
		(0.00)
expa_rev_sibbing		- 0.0008
		(0.00)
_cons	- 3.8908 ***	- 4.4694 ***
	(0.27)	(0.26)
控制变量	Yes	Yes
其他交互	No	Yes
地区固定效应	Yes	Yes
N	12612	12612
Chi^2	4242.15	132349.75
Pseudo. R-Square	0.25	0.26

注：由于调查涉及省级层面，同省个体可能存在误差相关导致推断不稳健，为此本书将误差进行区域聚类，圆括号内为异方差 - 聚类稳健标准误，同时还报告了伪 R - squared 和 Wald 统计量。另外，* 、** 和 *** 分别表示估计系数在10%、5%和1%的显著性水平上通过检验。

与表 5-2 中的模型（2）作对比可见，国家教育财政投入变量的纳入将对三种层面产生影响，而通过系数绝对变化大致来看，基本结论都是缩小或减缓了高等教育的个体异质性差异。表 5-6 的模型（2）通过纳入变量间的二次和三次交互项开展具体判别。估计结果显示，各变量的显著性有了明显提高，扩招变量再次在 1% 水平下显著，经历扩招个体的高等教育获得概率是未经历扩招个体的 2.67 倍（$=e^{0.9813}$），国家教育财政每提高一个单位，高等教育机会获得增加 5.44%（$=e^{0.053}-1$），说明了教育财政存在积极作用。另外，城乡属性、性别特征和资源占有差异的符号符合预期且均高度显著。需要重点考察的二次交互项和三次交互项给出了扩招背景下，国家教育财政对个体高等教育获得的更多的作用机制。首先，扩招和教育财政交互项系数表明，扩招将在一定程度上降低国家财政在高等教育获得形成中发挥的作用，这一结果符合直觉。其次，扩招和三种关键异质因素的交互项系数表明，扩招对降低高等教育的性别差异和资源占有差异具有统计上显著的促进作用，而并没有发现降低城乡属性差异的证据，这一点同表 5-2 中未加入教育财政因素的模型（3）结果一致，侧面证明了结果的稳健，并为更深入地考察包含教育财政因素的群体内高等教育机会平等提供基础。最后，教育财政、扩招和异质性因素的三次交互给出了教育财政影响的详细情况。具体来看，在扩招背景下，教育财政对三个层面的高等教育获得差异都起到了降低的作用，分别降低了 0.28%、0.49% 和 0.08%，前两者具有 10% 的统计显著性，而资源占有差异不显著。由此，我们可以得出，伴随高校扩招政策的实施，国家教育财政通过对降低城乡和性别的高等教育获得差异上起到了一定的作用，从系数符号来看，同样也存在降低家庭资源占有对教育机会的可能。通过分样本进一步考察群体内部国家教育财政的作用情况，表 5-7 给出了具体估计结果。

总体来看，在三种分样本中，高校扩招对农村户口的非独生的女性个体作用十分显著，扩招带来的高等教育获得概率分别是未经历扩招的 3.73 倍、2.40 倍和 2.57 倍。国家高等教育财政对高等教育机会平等产生了显著的正向影响，这一影响体现在各个分样本回归中，而扩招同时又

表 5 - 7　　　　　　　　　考虑公共教育财政的分样本估计结果

解释变量	被解释变量：高等教育机会获得					
	城乡属性		性别特征		资源占有	
	农村	城市	女性	男性	非独生	独生
expand	1. 3162 ***	0. 5223	0. 8738 *	0. 5954	0. 9433 ***	1. 3309
	(0. 51)	(0. 52)	(0. 49)	(0. 65)	(0. 34)	(0. 95)
revenue	0. 0598 ***	0. 0433 ***	0. 0530 ***	0. 0551 ***	0. 0612 ***	0. 0738 ***
	(0. 01)	(0. 01)	(0. 01)	(0. 01)	(0. 01)	(0. 01)
urban_12			1. 3939 ***	1. 1330 ***	1. 2881 ***	1. 7263 ***
			(0. 18)	(0. 17)	(0. 13)	(0. 35)
male	0. 5028 ***	0. 0378			0. 3623 ***	0. 4594
	(0. 13)	(0. 13)			(0. 09)	(0. 46)
sibbing	- 0. 1392 ***	- 0. 2153 ***	- 0. 3048 ***	- 0. 0684 *		
	(0. 03)	(0. 06)	(0. 06)	(0. 04)		
expa_rev	- 0. 0522 ***	- 0. 0404 ***	- 0. 0455 ***	- 0. 0543 ***	- 0. 0560 ***	- 0. 0652 ***
	(0. 01)	(0. 01)	(0. 01)	(0. 01)	(0. 01)	(0. 01)
expa_urban12			0. 3090	0. 1550	0. 2897	0. 0804
			(0. 30)	(0. 32)	(0. 28)	(0. 41)
expa_male	- 0. 3424	- 0. 4690			- 0. 2425	- 0. 7458
	(0. 22)	(0. 42)			(0. 23)	(0. 52)
expa_sibbing	- 0. 1957 **	- 0. 2981	- 0. 1027	- 0. 2844 ***		
	(0. 10)	(0. 23)	(0. 15)	(0. 10)		
expa_rev_urban			- 0. 0047	- 0. 0008	- 0. 0025	- 0. 0062 ***
			(0. 00)	(0. 00)	(0. 00)	(0. 00)
expa_rev_male	- 0. 0061 ***	- 0. 0025			- 0. 0050 *	- 0. 0034
	(0. 00)	(0. 01)			(0. 00)	(0. 00)
expa_rev_sibbing	- 0. 0013	0. 0006	- 0. 0014	0. 0004		
	(0. 00)	(0. 00)	(0. 00)	(0. 00)		
_cons	- 4. 9906 ***	- 2. 0509 ***	- 4. 2993 ***	- 4. 3152 ***	- 5. 0843 ***	- 5. 3647 ***
	(0. 32)	(0. 32)	(0. 35)	(0. 27)	(0. 29)	(0. 67)
控制变量	Yes	Yes	Yes	Yes	Yes	Yes
其他交互	Yes	Yes	Yes	Yes	Yes	Yes
地区固定效应	Yes	Yes	Yes	Yes	Yes	Yes
N	10681	1931	6516	6096	11361	1251
Chi^2	7471. 77	3440. 62	2470. 41	8039. 92	8643. 38	4126. 40
Pseudo. R-Square	0. 13	0. 18	0. 31	0. 22	0. 18	0. 28

　　注：由于调查涉及省级层面，同省个体可能存在误差相关导致推断不稳健，为此本书将误差进行区域聚类，圆括号内为异方差 - 聚类稳健标准误，同时还报告了伪 R - squared 和 Wald 统计量。另外，* 和 *** 分别表示估计系数在 10% 和 1% 的显著性水平上通过检验。

显著降低了国家财政对农村与城市户口人群的作用，但程度有限。具体来看，国家教育财政对农村户口的独生男性群体影响相对较大，显示了这一作用优先惠及成本承担能力较弱的群体，从这一点来看，教育财政起到的减少教育投入成本效果显而易见。

在各分样本的回归结果中，我们可以考察到更具体的群体内高等教育获得差异以及扩招背景下国家财政对其的作用效果。在城乡属性划分的样本中，农村男性且同辈子女数较少的个体将有更高的高等教育获得概率，而从三次交互的结果中可以看出，国家教育财政对高校扩招下的高等教育性别差异起到显著的降低作用，结果在1%水平上显著。在性别特征划分的样本中，城市女性且同辈子女数较少的个体也将拥有获得更高教育水平的可能，扩招对该分样本中的异质性差异，以及国家教育财政其中产生的作用并未得到验证。在资源占有划分的样本中，城市个体的高等教育获得概率都显著高于农村，而教育获得性别差异只体现在非独生样本中，侧面说明了高等教育资源的群体内分布差异。另外，高校扩招背景下，国家教育财政对独生群体的高等教育的城乡差异以及对非独生群体的性别差异的缩小起到一定的作用，前者系数估计结果在1%的显著性水平上统计显著，而后者在10%的水平上显著拒绝原假设。

| 5.4 本章小结 |

本章利用中国家庭微观调查基线数据（CFPS2010）开展了我国高等教育机会平等的理论与实证研究。我们在具体研究中纳入了国家公共教育财政投入因素，着重分析了影响微观个体接受更高等教育的各类异质性因素作用效果，以及深入检验了政府宏观资源投入带来的教育机会公平变化和机制，具体得出如下主要结论。

第一，在自主的家庭教育决策和自由的劳动力市场假设条件下，微观个体教育决策由其不接受高等教育带来的现有收益、接受高等教育后的教育成本承担能力和预期的未来可能收益同时决定，形成的个体效用产生了其是否接受高等教育的最优决定。理论模型表明，在家庭收入、职业层级、文化资本等各方面处于劣势的群体，进入高等教育可能要付出更高的成本，由此产生了低层群体和高层群体之间的决策差异。结论显示，两种群体内部存在随自身阶层提升带来的进入高等教育个体能力最优节点的降低，从而容易选择接受更高等的教育，高校扩招政策的实施将减小群内阶层差异在教育决策中扮演的作用，换句话说，扩招政策缩小了同质群体内的教育机会不平等，而群体间的作用情况并不明确，需实证进一步考察。另外，结论同时还表明，国家公共教育财政作用效果由不同群体中的弹性系数所决定，参数的正负大小及相对关系将作用于两类群体中个体的能力最优节点，并形成影响高等教育机会不平等的具体路径。

第二，本章首先建立高等教育机会获得的基准计量模型，对群体间高等教育获得差异开展检验，基准回归包含了除高校扩招因素外的其他变量并控制了地区固定效应。更进一步，在基准模型基础上，我们再依次纳入高校扩招变量及其与异质性因素的交互，用以判断扩招政策下个体异质性对高等教育入学机会的影响。我们得到如下结论：（1）个体户口状态、代表家庭文化资本的父代受教育程度、家庭政治资本以及兄弟姐妹数量对被调查对象的高等教育机会获得产生影响，其中高等教育获得的城乡差异显著存在，男性可能比女性拥有更高概率的入学机会；（2）纳入扩招变量后的结果显示，扩招对个体的高等教育入学机会产生了十分显著的正向效果，政策的实施起到了教育扩展的作用，在其他条件不变的情况下，扩招带来了53.07%的教育获得提升；（3）纳入扩招和异质性因素交互项后，扩招作用效果更加明显，通过交互因素系数可以得到城乡差异仍然最为突出，在加入交互作用后，主效应显著为正，但交互项并不显著，正的系数符号显示，扩招并没有对缩小城乡差异起到帮助，此点同李春玲（2010）和路晓峰等（2016）的结论一致。性别差异在扩招后进一步缩小，兄弟姐妹数的扩招前后差异也并未扩大，另外，扩招可能缩小家庭文化资本对个体高等教育机会获得的概率，而可能强化政治资本在入学机会中的发挥作用。由此，我们检验出了群体间高等教育机会获得的现实情况。

第三，由上述结论我们得出了家庭高等教育决策的影响取决于个体的城乡属性、性别特征和资源占有三个关键方面。因而，本章开展了针对此三个方面的分样本回归，意在验证理论模型中得出的群体内部高等教育的异质性影响以及扩招的作用。结论表明，三个分样本的实证结果均显示了群体内自身阶层差异影响了个体高等教育获得概率，扩招在分样本中的作用有所不同。从整体上看，扩招对农村、女性和非独生个体具有偏向性影响，这也从侧面验证了模型假设的合理性，具体来看，扩招引起了农村群体的高等教育机会增长304.63%，经历扩招的女性群体高等教育获得是未经历扩招的2.46倍，在非独生群体中的作用更加显著。交互项系数表明，在分样本中，扩招对群体内的高等教育机会获得的阶层差异起到了缓解作用。由此，我们验证了理论模型提出的假设之一，即高等教育机会平等存在群体内差异，且高校扩招带来了差异缩小。

第四，根据理论模型，国家教育财政是否对高等教育机会的异质性差异产生影响还需被考察。在三重差分模型建立的基础上，本章对此开展了检验。结论表明，在不加入交互因素的条件下，国家教育财政因素在5%的显著性水平下为正，说明财政投入增加将提高受到更高等教育水平的机会，同时城乡属性、性别特征和资源占有三个方面仍然具备差异性，基本结论并未发生变化。加入交互因素后，扩招因素更加显著，国家教育财政对高等教育获得的提升效果也更加明显，其每提高一个单位，高等教育机会获得增加5.44%，说明了教育财政存在的积极作用。扩招将在一定程度上降低国家财政在高等教育获得形成中发挥的作用，这一结果符合直觉。三次交互系数给出了教育财政影响的详细情况，具体来看，在扩招背景下，教育财政对三个层面的高等教育获得差异都起到了降低的作用，分别降低了0.28%、0.49%和0.08%，从而得出外生宏观投入降低家庭教育成本进而影响个体教育决策的结论，此点在城乡和性别的高等教育获得差异表现上尤为显著。进一步地分样本考察了国家教育财政在群体内部的作用情况，同样我们实证得出了群体内国家教育财政在高等教育获得异质性差异缩小中起到重要作用的结论。由此，我们验证了理论模型提出另一假设，即国家教育财政影响微观个体教育决策，其通过作用于关键异质性因素，进而对不同群体的教育机会变化产生一定的效应。

<table>
<tr><td>第 6 章</td><td></td></tr>
</table>

第6章　公共教育财政与学生成绩差异研究

改革开放40多年来，教育发展成就显著，与之相关的公平性问题被社会各界广泛讨论。广义上，教育公平包含了三种层次，即起点公平、过程公平和结果公平。具体来看，公平的实现范围涵盖了受教育权利的公平（如入学机会）、实现受教育权利公平过程中各种保障上的公平（如教育投入）及教育结果的相对公平，其所表达的不仅是进入教育系统的机会平等，也应包括在教育系统中要受到平等的对待。教育公平最终要保证实现来自不同阶层的学生有大致相当的受教育概率、几乎同等的学业成绩，也要保证他们受教育后有相似的成就前景。由此来看，教育公平的三个方面并不是相互独立的，一个教育阶段的结果公平将对下一阶段的教育起点产生影响，而教育的过程公平在其中提供平等化保障。本章将从影子教育的独特视角出发，综合教育公平三方面内涵，探讨国家公共教育财政投入在教育结果公平中扮演的关键作用，并明晰公平实现路径，以期为更好实现教育公平提供一定的指导，此点具有重要的现实意义。

众所周知，自2000年我国"两基"攻坚顺利完成以来，九年义务教育阶段的实现任务继续推进深化。2017年，我国义务教育阶段学校21.89万所，招生3313.78万人，在校生1.45亿人，专任教师949.36万人，九年义务教育巩固率达93.8%。[①] 然而，在义务教育全面普及过程中产生了

---

① 《2017年全国教育事业发展统计公报》。

教育发展不均衡等问题，这严重影响到了教育公平，乃至社会公平的实现。教育不平等来源于多种途径，从微观个体的异质性特征到宏观层面的教育资源分配都将对教育公平产生影响。目前，随着教育公平问题的凸显，政府开始逐渐关注并重视教育发展的不平衡。如何降低教育不平等，尤其是降低教育结果不平等，提升教育质量是不容忽视的核心问题。

一方面，从微观角度上来看，教育结果不平等的产生来源于个体禀赋、家庭资本投资、学校教育质量等各方面因素的差异（熊艳艳等，2014）；另一方面，尝试实现教育公平以及解决教育结果公平问题，国家的公共教育财政投入的充足性保障和合理性分配必不可少。众多研究表明，教育财政投入在教育公平中发挥着关键作用（袁连生，2001；Hanushek & Raymond，2005；薛二勇，2011；Jackson et al.，2016；马志远和金瑞，2016；王杰茹，2017；胡耀宗，2018）。教育财政资源的充足性在 2012 年如期实现国家财政性教育经费占国内生产总值比例达 4% 的目标后得以保障，因此当下的关键问题在于解决资源在区域和城乡乃至校际、个体之间的分配差异，进而为更进一步解决不平等提供基础。人力资本理论认为家庭最优教育投资决策取决于边际成本和边际收益的均衡，另外，由于教育只是部分可交换的商品，个体的边际产出不均等，所以经济总产出同时受到教育的存量和分布的双重作用（Birdsall & Londono，1997），随着经济持续发展，社会追求高质量人力资本的需求不断增加，致使家庭更加重视教育投资，教育财政的分配差异可能是家庭教育投资动机形成的关键因素。近年来，影子教育（shadow education）迅猛发展，与学校正规教育一同为微观个体提供教育资源，并逐渐成为家庭教育投资的主要形式（Bray，2006）。影子教育产生的关键在于优质教育资源分配不均，同时，个体又渴望在学校教育中享受到更加公平而有质量的教育，并获得期望的教育结果。然而，学校教育的社会再生产功能将被影子教育弱化，后者作为前者补充，将成为教育代际传递的新中介（薛海平，2015）。由于家庭对影子教育的投资可能会带来更高的未来预期收益，相对来看，具有经济社会背景优势的家庭便可能拥有更强的投资动力，在影子教育市场化发展背景下，不仅加重了学生的学业负担，也无疑形成了教育不平等产生的新机制，削弱政府推进教育公平的政策成效，对此《国家中长期教育改革和发展规划纲要（2010—2020年）》指出，"各级政府要把减负作为教育工作的重要任务，统筹规划，整体推进，规范各种社会补习机构和教辅市场"。因而，探求影子教育在教育结果公平实现中的中介机制，以及国家公共教育财政投入弥补教育资源分配不均是否降低影子教育产生的潜在教育结果不平等，是本章如下将要开展的主要方面。

6.1 数据来源及变量选择

6.1.1 数据来源

本章将使用中国人民大学中国调查与数据中心（NSRC）2013～2014年进行的中国教育追踪调查数据库开展后续的实证分析。CEPS数据库是我国第一个针对初中阶段学生群体的全国性、连续性的大型社会调查项目，由中国人民大学中国调查与数据中心设计与实施，其旨在揭示家庭、学校、社区以及宏观社会结构对于个人教育产出的影响，并进一步探究教育产出在个人生命历程中发生作用的过程。该数据库的基线调查于2013～2014学年进行，调查采用多阶段的概率与规模成比例（PPS）的抽样方法进行具体实施。调查主要是以初中一年级（7年级）和初中三年级（9年级）两个同期群为调查对象和起点，以人口平均受教育水平和流动人口比例为分层变量从全国随机抽取了28个县级单位（县、区、市）作为调查点。调查的执行以学校为基础，在入选的县级单位随机抽取了112所学校、438个班级进行调查，被抽中班级的学生全体入样，基线调查共调查了约2万名学生，并对全体学生及其家长或监护人、班主任老师、主课任课老师以及学校负责人进行问卷调查，包含内容广泛且具有很强的代表性。

问卷中涉及本章关注的被解释变量——学生教育结果，以及关键解释变量——影子教育获得情况和教育财政投入情况，同时，所包含的不同层面和类型的人员信息，将为判断在影子教育中介视角下，教育财政如何调节个体、家庭等异质层面所造成的教育结果差异提供充实的数据支持。

6.1.2　变量说明及处理

基于现有的文献研究，本章从个体、家庭和学校三个层面纳入异质性因素，同时考虑影子教育和教育财政投入相关指标。

1. 被解释变量

本章的被解释变量选择需要体现个体差异化的教育结果，参考胡咏梅等（2015）的选取方式，我们将学生个体的考试成绩作为教育结果的度量，同时考察学生认知能力、语文成绩、数学成绩和英语成绩四种学生个体素质培养的关键方面，以期更细致地判断教育结果公平情况。具体来看，问卷中包含了"学生 2013 年认知能力得分/语文成绩/数学成绩/英语成绩"四个问题。

2. 解释变量

依据本章研究目的和设计思路，所纳入的解释变量大致可分成三大类。

第一大类为宏观层面的国家教育财政投入，所对应的问卷问题为"学校今年的初中生生均财政拨款是多少?"

第二大类为影子教育情况，包含了"仅考虑学业课的补习""仅考虑兴趣课的补习"以及"全部补习"，在正文主体中，我们选取"全部补习"作为影子教育获得与否的度量。

第三大类是异质性指标的选取，该类包含了：（1）个体层面：性别（男生 =1）、年级（九年级 =1）、民族（汉族 =1）、户口类型（农业 =1）、独生情况（独生 = 1）、学生成绩排名（有序得分，1~5）、自我教育期望（有序得分，1~10）；（2）家庭层面：家庭经济水平（困难 = 1；中等 = 2；富裕 = 3）、父代职业等级（有序得分，1~3），依据李春玲和刘森林（2018）的划分标准，将调查数据的个体父代职业水平归纳为基础阶层（包括生产与制造业一般职工、商业与服务业一般职工、农民、无业/失业/下岗），中间位置阶层（包括教师/工程师/医生/律师、技术工人、个体户）和优势地位阶层（包括国家机关事业单位领导与工作人员、企业/公司中高级管理人员）、父代受教育水平（有序得分，1~9，取父亲和母亲两者最高学历为代表）、父代政治资本（中共党员 = 1）、父母教育期望（有序得分，1~10）、家庭文化资本（包括"书籍拥有水平（有序得分，1~5）、电脑和网络拥有情况（有序得分，1~5）"以及"父母是否提供帮助（提供帮助 = 1）"；（3）学校层面：学校排名（有序得分，1~3）、学校类型（公办学校 = 1）、学校规模（包括班级规模、学生人数、教师人数，连续变量）。最终，通过删除部分包含缺失值的样本，我们得到可供使用的数据样本量为 12714 个，形成了大样本统计推断的必要条件，具体的变量描述性统计如表 6-1 所示。

表 6-1　　　　　　　　　　变量的描述性统计

变量名称	观测量	均值	标准差	最小值	最大值
认知能力得分	12714	0	0.84	-2.03	2.71
语文成绩	12714	70.53	9.60	9.96	98.47
数学成绩	12714	70.44	9.71	25.71	145.11
英语成绩	12714	70.50	9.74	14.24	107.82
影子教育参与	12714	0.45	0.50	0	1
教育财政	12714	958.40	697.27	0	3850
性别	12714	0.50	0.50	0	1
年级	12714	0.47	0.50	0	1
民族	12714	0.94	0.24	0	1
户口	12714	0.56	0.50	0	1

续表

变量名称	观测量	均值	标准差	最小值	最大值
是否独生	12714	0.42	0.49	0	1
成绩排名	12714	3.11	1.11	1	5
自我教育期望	12714	6.91	1.74	1	10
家庭经济水平	12714	1.84	0.50	1	3
父代职业等级	12714	1.71	0.70	1	3
父代受教育水平	12714	4.45	2.00	1	9
父代政治资本	12714	0.11	0.31	0	1
父母教育期望	12714	6.73	1.67	1	10
书籍拥有	12714	3.14	1.21	1	5
电脑和网络拥有	12714	1.26	0.92	0	2
父母学业帮助	12714	0.78	0.41	0	1
学校排名	12714	2.01	0.64	1	3
学校类型	12714	0.94	0.23	0	1
学生规模	12714	1059.55	621.03	110	2925
班级规模	12714	21.21	10.56	3	46
教师规模	12714	87.72	39.40	15	181

6.2　个体差异、影子教育及教育结果的初步考察

对异质性因素、影子教育获得和教育结果三者关系的初步考察是本书开展实证的第一步，以下从两个角度提供了初步考察结果，分别为：异质性因素差异与影子教育获得，以及影子教育获得和学校教育结果之间是否独立的考察。

6.2.1　微观异质因素与影子教育

表 6-2 给出了异质性因素差异与影子教育获得之间是否独立的考察

结果。具体来看，个体层面的学生性别和所在年级影子教育参与程度相当，女生参与比例（47.25%）略大于男生（43.03%），低年级学生更有可能进行课外补习（七年级参与占比47.49%），汉族参与程度（45.49%）高于少数民族学生（39.85%），非农户口学生参与程度比农村户口高26.66个百分点，说明城市学生对影子教育更加青睐。另外，独生家庭的个体约是非独生的1.76倍，班级中成绩越优异的学生，影子教育获得比例越大，此点反映非学校资源的可能流向，同时，学生对自身的教育期望越高，也将可能激励其获取额外辅导，以此达到未来满意的受教育水平。

表 6-2　　　　　　　影子教育获得的异质性差异初步考察

层级	变量	分类	影子教育参与比例（%）	卡方检验
个体层面	性别	男	43.03	$\chi^2 = 22.76$
		女	47.25	
	年级	九年级	42.54	$\chi^2 = 31.42$
		七年级	47.49	
	民族	汉族	45.49	$\chi^2 = 9.62$
		非汉族	39.85	
	户口	农村	33.53	$\chi^2 = 896.71$
		非农	60.19	
	独生情况	独生	59.48	$\chi^2 = 757.53$
		非独生	34.85	
	成绩排名	不好	36.34	$\chi^2 = 83.86$
		中下	43.11	
		中等	44.05	
		中上	47.71	
		很好	53.35	
	自我教育期望	低学历	31.42	$\chi^2 = 49.14$
		中等学历	28.56	
		高学历	49.14	

续表

层级	变量	分类	影子教育参与比例（%）	卡方检验
家庭层面	家庭经济水平	困难	29.78	$\chi^2 = 425.51$
		中等	48.15	
		富裕	66.29	
	父代职业等级	基础阶层	30.79	$\chi^2 = 1100.32$
		中间阶层	50.07	
		优势阶层	73.71	
	父代受教育程度	低学历	32.26	$\chi^2 = 1400.11$
		中等学历	50.50	
		高学历	76.84	
	父代政治面貌	中共党员	62.40	$\chi^2 = 191.62$
		非中共党员	42.98	
	父母教育期望	低学历	34.17	$\chi^2 = 314.3$
		中等学历	29.58	
		高学历	49.30	
	书籍拥有	很少	22.45	$\chi^2 = 1401.32$
		比较少	27.16	
		一般	40.08	
		比较多	59.47	
		很多	70.59	
	电脑和网络拥有	都没有	24.65	$\chi^2 = 1121.21$
		有其一	46.48	
		都拥有	56.20	
	父母学业帮助	帮助	48.38	$\chi^2 = 195.38$
		不帮助	33.39	
学校层面	学校排名	中等及以下	33.19	$\chi^2 = 436.62$
		中上	43.38	
		最好	61.22	
	学校类型	公立	45.82	$\chi^2 = 39.19$
		私立	33.97	

　　家庭层面的考察结果显示，家庭经济水平和父代职业等级的双重提

高将增加影子教育获得的可能，其中，富裕家庭和优势阶层参与比例分别达 66.29% 和 73.71%，相比经济困难家庭和基础阶层家庭高出 36.56 个和 42.92 个百分点，父代政治面貌为中共党员的家庭，其子女参与影子教育约是非中共党员的 1.5 倍，父母教育期望同学生自我教育期望考察结果一致，说明教育期望可能是影响影子教育获得重要异质性因素。家庭文化资本的代理变量表明，家庭内书籍、电脑网络拥有越多，父母对子女学业更加重视都将潜在提高影子教育的参与结果，对影子教育获得具有正效应。另外，学校层面中，公办学校影子教育获得比例（45.82%）显著高于民办学校（33.97%），同时，影子教育获得随着学校排名水平的提高而不断增加。

表 6-2 中三种层面中的异质性因素均通过了卡方独立性检验，所对应的 p 值均小于 0，由此说明，微观异质性因素差异同影子教育获得之间存在联系，个体异质性可能是影响个体参与影子教育的重要因素。另外，从检验具体结果中我们可以看出，不同层面的检验结果虽均通过检验，但对原假设的拒绝力度不尽相同，相比来看，家庭层面异质性因素差异和影子教育获得之间具有更强的非独立性，个体层面次之，而学校层面最小。因此，初步考察结果进一步明确了家庭因素可能是影响影子教育获得的关键异质性类型。

6.2.2　影子教育与教育结果

图 6-1 展示了个体影子教育参与和不同学科的成绩等级占比的具体情况，为我们提供了影子教育获得和学生成绩水平之间的初步关系。我们将成绩划分为三个层级，分别为"低水平""中等水平"和"高水平"，并构建了包含四种不同类型的教育结果，四方面的卡方独立性检验均在 1% 的显著性水平下通过检验。

具体地，从认知能力得分方面来看，高水平认知能力的学生比重在影子教育参与前后明显增加（增加约 8.17% 个百分点），而低水平占比由 40.83% 减小到 30.72%，另外，在未参加影子教育的学生中，低水平成

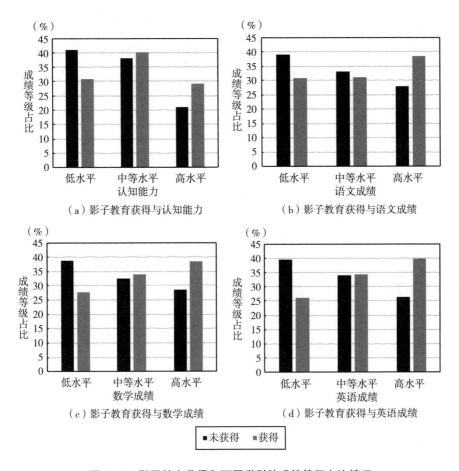

（a）影子教育获得与认知能力　　　（b）影子教育获得与语文成绩

（c）影子教育获得与数学成绩　　　（d）影子教育获得与英语成绩

■未获得　■获得

图 6-1　影子教育获得和不同学科的成绩等级占比情况

绩占比相对较多，而参与影子教育的中等水平成绩学生的比重较大，其认知能力的水平分布呈现倒"U"型，由此说明，影子教育获得带来的认知能力变化主要集中体现在提高中等水平认知能力方面。其他三种主要成绩与认知能力情况有所不同，总体来看，都存在未参加影子教育群体中低水平成绩占比最大，而参加影子教育后的群体高水平成绩占比最大的情况，因此影子教育获得可能增加了学生在各主要学科上的成绩提升，并都集中于高水平成绩方面。其中，语文成绩提高完全反映在高水平层面，换句话说，学生参加影子教育在语文成绩提高方面提供了帮助可能只针对到了少数群体。数学成绩和英语成绩情况略微相似，影子教育获得都将带来中等水平和高水平层面学生占比的提高，同时，影子教育对低水平数学成绩的比重的降低显著小于为英语带来的效应，但对前者成绩的提高将比后者面向了更广泛的群体。因为，影子教育获得对数学成绩的改善可能更加及时和有效率，而对英语成绩提升可能存在"培优"作用。

| 6.3　影子教育的中介效应检验 |

通过前述独立性检验，我们大致可以得出异质性因素、影子教育和教育结果三者之间可能存在的关联。薛海平（2018）针对家庭资本中异质性因素构建了理论模型，其指出家庭资本不仅可以直接影响其子女在校学业成就，还可以通过影响其子女获得的影子教育机会优势从而影响他们在校的学业成绩。在此基础上，我们认为，并不是个体的任何异质性差异都将受到影子教育的中介作用进而影响教育结果，判断哪种因素将会受到中介影响，需要依次开展检验；另外，影子教育的中介效应需要在不同层面上被检验，本节将从更加广泛的因素层面开展此类中介效应的研究，这将为具体层面和关键因素下的教育结果公平实现提供一定的借鉴。

6.3.1　模型设定

中介效应分析是目前被广泛应用于多个领域的机制判别方法，其建立在一般的回归分析基础上，且能得到关键变量之间影响过程和因果机制的更加深入的结果。本书如下将考察影子教育在个体异质性因素影响教育结果中扮演的角色，具体判别哪些层面异质性因素将受到影子教育的中介作用，并在此基础上开展后续研究。

中介效应检验需要首先建立如下回归模型，由于本章研究的中介变量为取值 $0 \sim 1$ 的二值变量，采用普通最小二乘法（OLS）将无法满足误

差正态的基本假设，同时由于 $E(y|x)$ 的非线性性质，OLS 和 WLS 估计方法不再适用，因此，在中介前段我们将使用 logit 回归，并利用极大似然法（ML）进行估计，而中介后段采用 OLS 方法。

$$Score^j = \alpha + \varphi Factors + \varepsilon \qquad (6-1)$$

$$\ln\left(\frac{P_{shadow}}{1 - P_{shadow}}\right) = \beta + \psi Factors + \mu \qquad (6-2)$$

$$Score^j = \gamma + \varphi' Factors + \Omega Shadow + \tau \qquad (6-3)$$

其中，$Score$ 代表学生教育结果，上标 j 取值 1 ~ 4，分别代表认知能力得分、语文成绩、数学成绩和英语成绩；$Factors$ 代表不同层面的各异质性因素，包含了个体层、家庭层和学校层；$Shadow$ 代表影子教育获得，取值 0 ~ 1，P_{shadow} 为学生获得影子教育的概率，式（6-2）的被解释变量为对数发生比；ε、μ 和 τ 分别为上述三种模型的误差项。图 6-2 给出了中介效应更直观的展示。

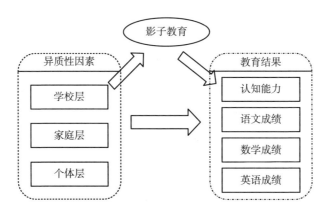

图 6-2　影子教育中介效应

中介效应的传统检验方式大多采用的是巴伦和肯尼（Baron & Kenny，1986）提出的因果回归的检验方法，即分别按序检验上述三式部分系数的显著性，但也有诸多研究对该方法表示质疑（Hayes，2009；Zhao et al.，2010；Iacobucci，2012）。由此，部分学者提出中介效应存在与否要求检验式（6-2）和式（6-3）的系数乘积，即 $\psi\Omega$ 是否在统计上显著不等于 0。索贝尔（Sobel，1982）给出了在 $\psi\Omega$ 具有正态分布条件下的检验统计量，并指出其检验效力明显优于上述的因果回归检验方法。然而，正态性假设过于严格，在实际应用中无法轻易满足，由此增加了检验过程中犯第一类错误的概率。为了进一步放松 Sobel 检验的假设条件，普里彻和海耶斯（Preacher & Hayes，2004）提出了利用 Bootstrap 方法开展中介效应检验，该方法已成为近年来检验中介效应是否存在的主流方法，被称为非参数百分位 Bootstrap 法。该方法首先基于原有样本进行可放回的随机重复抽样，并多次计算 $\psi\Omega$ 的估计值 $\widehat{\psi\Omega}$，由此产生的第 2.5 百分位和第 97.5 百分位构造出置信区间，进而开展检验，另外，取若干个点估计值的均值，便可得到中介效应的最终结果，即总间接效应估计值。我们为使检验结果更加明确和可信，将同时报告 Sobel 检验和非参数百分位 Bootstrap 法结果，由于偏差校正的百分位置信区间是非对称的，并且更好地反映了条件间接效应的抽样分布，我们也将更进一步报告偏差校正的非参数百分位 Bootstrap 法（Fritz et al.，2012；Hayes & Scharkow，2013）得出的估计结果，重抽样次数设定为 1000。

在具体进行影子教育中介效应检验时，本章采用了广义结构方程模型（generalized structural equation model，GSEM）的形式进行有效估计，建立 SEM 进行中介分析，不仅可以同时处理显变量和潜变量，还可以同时分析多个自变量、多个因变量和多个中介变量之间的关系（方杰等，2014），在细节上，为保证单独估计上述三式时的统计检验更加稳健，我们将误差聚类到班级层面。

6.3.2 影子教育的中介效应检验

基于以上中介效应的检验原理和模型设定，本节将从学校、家庭和个体三个层面检验影子教育在异质性因素影响教育结果中可能存在的中介作用。

表 6-3 给出了影子教育在异质性因素对学生认知能力影响中的中介作用。从整体上来看，Sobel 检验在部分变量上拒绝了影子教育中介效应

的存在，但更准确的非参数百分位 Bootstrap 法和偏差校正的非参数百分位 Bootstrap 法得出了一致的结论，即除了个体层面的自我教育期望为受到影子教育中介以外，三类层面内的其他各异质性因素均存在一定的被中介效果。从检验结果和间接效应的点估计值来看，一方面，置信区间紧临于零点附近；另一方面，间接效应的绝对量十分微小，因而我们有理由认为，虽然影子教育在异质性因素对学生认知能力影响产生了中介效应，且通过统计检验，但中介效果在经济学意义上可以忽略。

表 6 - 3　　　　　　　　影子教育的中介效应（认知能力）

变量名称	点估计	区间估计					
	中介效应	Sobel 检验		非参数百分位 Bootstrap 法		偏差校正的非参数 百分位 Bootstrap 法	
学校排名	- 0.0376	- 0.0638	- 0.0113	- 0.0657	- 0.0149	- 0.0668	- 0.0158
学校类型	- 0.0609	- 0.1199	0.0020	- 0.1293	- 0.0111	- 0.1471	- 0.0162
学生规模	- 0.0609	- 0.1179	- 0.004	- 0.1239	- 0.0115	- 0.1248	- 0.0137
班级规模	- 0.0034	- 0.0071	0.0004	- 0.0073	- 0.0001	- 0.0076	- 0.0001
教师规模	- 0.0006	- 0.0011	- 0.0001	- 0.0012	- 0.0001	- 0.0012	- 0.0001
家庭经济水平	- 0.0418	- 0.0734	- 0.0103	- 0.0795	- 0.0139	- 0.0805	- 0.0145
父代职业等级	- 0.0865	- 0.1297	- 0.0434	- 0.1334	- 0.0457	- 0.1333	- 0.0451
父代受教育程度	- 0.0270	- 0.0410	- 0.0130	- 0.0417	- 0.0137	- 0.0416	- 0.0137
父代教育期望	- 0.0180	- 0.0300	- 0.0061	- 0.0317	- 0.0081	- 0.0321	- 0.0082
书籍拥有	- 0.0674	- 0.0999	- 0.0348	- 0.1013	- 0.0355	- 0.1015	- 0.0357
电脑网络拥有	- 0.0619	- 0.0946	- 0.0292	- 0.0954	- 0.0313	- 0.0994	- 0.0327
父母学业帮助	- 0.0779	- 0.1228	- 0.0329	- 0.1281	- 0.0382	- 0.1324	- 0.0410
性别	0.0547	0.0200	0.0894	0.0247	0.0957	0.0255	0.0965
年级	0.0391	0.0108	0.0674	0.0143	0.0710	0.0165	0.0750
民族	0.0472	- 0.0039	0.0983	0.0011	0.1022	0.0001	0.1018
户口	0.0756	0.0335	0.1178	0.0348	0.1187	0.0386	0.1223
是否独生	- 0.0740	- 0.1167	- 0.0314	- 0.1165	- 0.0338	- 0.1188	- 0.0353
成绩排名	0.0118	- 0.0004	0.0241	0.0010	0.0257	0.0018	0.0286
自我教育期望	- 0.0055	- 0.0142	0.0032	- 0.0150	0.0021	- 0.0163	0.0017

表 6 - 4 给出了影子教育在异质性因素对学生语文成绩影响中的中介作用，可以明显看出，在三种不同的检验方法下，都无法拒绝 $\psi\Omega = 0$ 的

原假设，说明学校层、家庭层和个体层中的异质性因素均没有受到影子教育的中介，表明影子教育对语文成绩方面的教育结果不产生显著的中介效应，教育结果没有因为异质性带来的影子教育获得差异而发生变化，因此，在该方面并未造成教育结果不平等。

表 6 – 4　　　　　　　　影子教育的中介效应（语文成绩）

变量名称	点估计	区间估计					
	中介效应	Sobel 检验		非参数百分位 Bootstrap 法		偏差校正的非参数 百分位 Bootstrap 法	
学校排名	0.0600	− 0.0411	0.1611	− 0.0344	0.1758	− 0.0211	0.1922
学校类型	0.0973	− 0.0846	0.2792	− 0.0517	0.3096	− 0.0400	0.3262
学生规模	0.0973	− 0.0742	0.2688	− 0.0519	0.2954	− 0.0244	0.3388
班级规模	0.0054	− 0.0064	0.0171	− 0.0038	0.0190	− 0.0021	0.0221
教师规模	0.0009	− 0.0008	0.0026	− 0.0007	0.0029	− 0.0003	0.0034
家庭经济水平	0.0668	− 0.0444	0.1779	− 0.0398	0.1902	− 0.0283	0.1999
父代职业等级	0.1382	− 0.0746	0.3509	− 0.0794	0.3499	− 0.0838	0.3444
父代受教育程度	0.0431	− 0.0228	0.1090	− 0.0185	0.1120	− 0.0225	0.1073
父代政治面貌	0.0625	− 0.0539	0.1788	− 0.0294	0.1938	− 0.0148	0.2121
父代教育期望	0.0288	− 0.0192	0.0768	− 0.0153	0.0804	− 0.0134	0.0834
书籍拥有	0.1075	− 0.0558	0.2708	− 0.0534	0.2709	− 0.0546	0.2705
电脑网络拥有	0.0988	− 0.0580	0.2556	− 0.0466	0.2619	− 0.0463	0.2646
父母学业帮助	0.1243	− 0.0752	0.3238	− 0.0621	0.3350	− 0.0640	0.3330
性别	− 0.0874	− 0.2294	0.0547	− 0.2373	0.0539	− 0.2362	0.0541
年级	− 0.0624	− 0.1593	0.0344	− 0.1653	0.0254	− 0.1834	0.0170
民族	− 0.0753	− 0.2210	0.0704	− 0.2521	0.0393	− 0.2854	0.0195
户口	− 0.1207	− 0.3134	0.0720	− 0.3345	0.0713	− 0.3442	0.0563
是否独生	0.1181	− 0.0694	0.3057	− 0.0538	0.3169	− 0.0316	0.3373
成绩排名	− 0.0189	− 0.0550	0.0172	− 0.0610	0.0089	− 0.0684	0.0043
自我教育期望	0.0088	− 0.0124	0.0299	− 0.0063	0.0374	− 0.0038	0.0413

表 6 –5 给出了影子教育在异质性因素对学生数学成绩影响中的中介作用。和对认知能力和语文成绩的中介结果有很大不同，涉及被中介的因素主要集中在所有层面。从学校层面和家庭层面的估计及检验结果可以发现，学校层影子教育的主要中介对象为学校排名、学校类型和学生

规模，而家庭层的父代职业等级被中介的效应最大，其总间接效应为
0.4357，说明父代职业等级越高，影子教育参与程度将越高，最终对学
生个体的数学成绩差异产生相对强烈的影响。另外，家庭层面中的家庭
经济水平（0.2106）、代表文化资本的书籍拥有（0.3391）、电脑网络拥
有（0.3116）和父母的学业帮助（0.3920）都将通过影响影子教育获得
进而对数学成绩方面的教育结果不平等产生重要影响，相比来看，影子
教育对父代受教育程度、父代政治面貌以及父代教育期望产生的中介效
果不十分明显，但间接效应的点估计结果也给出了更高的父代受教育程
度、政治资本和对子女的教育期望，将通过获取额外的影子教育参与机
会而产生对教育结果公平不利的影响。另外，个体层面的户口、性别和
是否独生是主要被中介的因素。

表 6 - 5　　　　　　影子教育的中介效应（数学成绩）

变量名称	点估计	区间估计					
	中介效应	Sobel 检验		非参数百分位 Bootstrap 法		偏差校正的非参数 百分位 Bootstrap 法	
学校排名	0.1891	0.0267	0.3515	0.0454	0.3777	0.0569	0.3897
学校类型	0.3068	-0.0319	0.6454	0.0386	0.7128	0.0697	0.8246
学生规模	0.3068	-0.0335	0.6471	0.0298	0.7209	0.0690	0.7845
班级规模	0.0170	-0.0053	0.0392	-0.0009	0.0425	0.0004	0.0454
教师规模	0.0029	-0.0003	0.0062	0.0003	0.0064	0.0005	0.0069
家庭经济水平	0.2106	0.0140	0.4072	0.0474	0.4309	0.0594	0.4662
父代职业等级	0.4357	0.0920	0.7794	0.0847	0.7936	0.0995	0.8151
父代受教育程度	0.1359	0.0321	0.2397	0.0355	0.2458	0.0385	0.2509
父代政治面貌	0.1970	-0.0319	0.4259	0.0094	0.4594	0.0274	0.5195
父代教育期望	0.0908	0.0133	0.1684	0.0224	0.1817	0.0256	0.1900
书籍拥有	0.3391	0.0987	0.5794	0.0830	0.5755	0.1086	0.6106
电脑网络拥有	0.3116	0.0774	0.5459	0.0894	0.5616	0.0838	0.5492
父母学业帮助	0.3920	0.0742	0.7098	0.1191	0.7557	0.1382	0.7629
性别	-0.2755	-0.4953	-0.0558	-0.5112	-0.0737	-0.5337	-0.0904
年级	-0.1969	-0.3797	-0.0141	-0.4068	-0.0404	-0.4782	-0.0553
民族	-0.2376	-0.5395	0.0644	-0.5796	-0.0022	-0.6141	-0.0153
户口	-0.3807	-0.6866	-0.0748	-0.7193	-0.1097	-0.7230	-0.1157

续表

变量名称	点估计	区间估计				
	中介效应	Sobel 检验		非参数百分位 Bootstrap 法		偏差校正的非参数 百分位 Bootstrap 法
是否独生	0.3725	0.0769	0.6680	0.1026	0.6810	0.1068	0.7024
成绩排名	−0.0596	−0.1279	0.0087	−0.1368	−0.0078	−0.1529	−0.0126
自我教育期望	0.0277	−0.0184	0.0738	−0.0122	0.0830	−0.0066	0.0909

最后针对英语成绩，我们同样给出了相应结果（见表6-6）。同认知能力结果相似，除了个体层的自我教育期望不显著外，其他各层所含异质性因素均通过检验。如表6-6所示，学校层和家庭层的检验同以数学成绩为被考察对象的结果一致，其中，学校层的学校排名、学校类型和学生规模，家庭层的父代职业等级、家庭经济水平、书籍拥有、电脑网络拥有和父母学业帮助具有较强的被中介效果，然而，不同的是，与表6-5结果对比来看，上述因素存在的中介效应强度有所下降。值得注意的是，个体层的异质性因素被中介的效应显著加强。

表 6-6　　　　　　　　　　影子教育的中介效应（英语成绩）

变量名称	点估计	区间估计				
	中介效应	Sobel 检验		非参数百分位 Bootstrap 法		偏差校正的非参数 百分位 Bootstrap 法
学校排名	0.3036	0.1011	0.5062	0.1209	0.5246	0.1335	0.5556
学校类型	0.4926	0.0474	0.9378	0.0923	0.9594	0.1164	1.0169
学生规模	0.4926	0.0412	0.9441	0.0893	1.0288	0.1056	1.0484
班级规模	0.0272	−0.0036	0.0580	0.0009	0.0603	0.0021	0.0638
教师规模	0.0047	0.0005	0.0089	0.0007	0.0091	0.0009	0.0095
家庭经济水平	0.3381	0.1032	0.5731	0.1307	0.5911	0.1529	0.6332
父代职业等级	0.6996	0.3823	1.0169	0.3831	1.0268	0.4169	1.0748
父代受教育程度	0.2182	0.1127	0.3238	0.1239	0.3264	0.1239	0.3261
父代政治面貌	0.3164	−0.0146	0.6473	0.0310	0.6983	0.0527	0.7543
父代教育期望	0.1459	0.0550	0.2368	0.0694	0.2494	0.0714	0.2542
书籍拥有	0.5445	0.2891	0.7999	0.3070	0.8168	0.3389	0.8752
电脑网络拥有	0.5004	0.2622	0.7386	0.2778	0.7458	0.2901	0.7585
父母学业帮助	0.6294	0.2882	0.9707	0.3378	1.0098	0.3445	1.0225

续表

变量名称	点估计	区间估计					
	中介效应	Sobel 检验		非参数百分位 Bootstrap 法		偏差校正的非参数 百分位 Bootstrap 法	
性别	-0.4424	-0.7021	-0.1827	-0.7360	-0.2177	-0.7603	-0.2314
年级	-0.3162	-0.5180	-0.1143	-0.5272	-0.1324	-0.5781	-0.1501
民族	-0.3815	-0.7736	0.0107	-0.8347	-0.0289	-0.8501	-0.0394
户口	-0.6112	-0.9277	-0.2948	-0.9424	-0.3206	-0.9699	-0.3331
是否独生	0.5981	0.2821	0.9140	0.3168	0.9591	0.3256	0.9765
成绩排名	-0.0957	-0.1918	0.0003	-0.1996	-0.0121	-0.2065	-0.0155
自我教育期望	0.0445	-0.0235	0.1124	-0.0186	0.1152	-0.0187	0.1151

至此，我们针对不同的教育结果类型，检验出了作为中介的影子教育所作用到的具体异质性因素。结果表明，影子教育对以认知能力和语文成绩为代表的教育结果不产生显著中介效果，而对数学成绩和英语成绩则具有一定作用。具体来看，数学成绩方面的结果表明，家庭层面因素受到了较强的影子教育中介作用，学校层面次之，说明家庭层的异质性差异是影响影子教育获得概率，进而导致学生在数学成绩上产生教育结果不平等的关键方面。若以英语成绩为被观察对象，家庭层因素（相比其他层面）也同样是教育结果不平等产生的重要来源，中介程度相对增加（相比对数学成绩的考察）。与此同时，个体层的异质性因素作用在此处凸显。

6.4　教育财政：是否存在调节

通过以上中介效应的考察，我们得出，影子教育在异质性因素影响教育结果过程中存在部分中介的作用，在以数学成绩和英语成绩为代表的教育结果中效应显著。虽然中介效果在两者中存在微观异质性的层面偏向差异，但是，总体来看，学校层的学校排名、学校类型和学生规模，家庭层的经济水平、职业等级、书籍拥有、电脑网络拥有、父母学业帮助以及个体层的户口、性别、是否独生是被中介的关键因素。基于此，以下我们将更进一步地考察宏观国家教育财政投入对影子教育扩大教育结果不平等是否具有逆向的调节作用。

6.4.1 模型设定

在以上构建的中介效应模型基础上，我们在此建立了三种含调节的中介效应模型分别进行估计。一方面，我们将考察教育财政投入在影子教育中介过程中是否存在调节作用；另一方面，还将明确具体调节路径和调节方向。

图6-3给出了教育财政在影子教育中介过程中的具体调节路径，针对某一异质性因素，①和②分别代表调节作用的前半路径和后半路径，若教育财政在两段路径中均产生调节，便认为其具备全路径上的调节效果，在不具备全路径调节条件下，我们将分别考察前后段调节路径是否存在，若路径均不存在，则说明教育财政在该异质性因素的影子教育中介过程中并未产生调节效果。

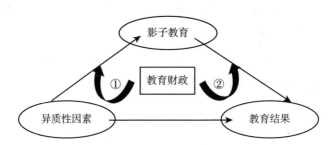

图6-3　公共教育财政的调节路径

具体的检验模型设定如下：

（1）全路径调节（①和②）。

$$
\begin{cases}
\ln\left(\dfrac{P_{shadow}}{1-P_{shadow}}\right) = \alpha_0 + \alpha_1 Factors + \alpha_2 R + \alpha_3 Factors \times R \\
Score^j = \beta_0 + \beta_1 Shadow + \beta_2 Factors + \beta_3 R + \beta_4 Factors \times R + \beta_5 Shadow \times R \\
Conditional\ effect = (\alpha_1 + \alpha_3 R)(\beta_1 + \beta_5 R)
\end{cases}
$$

（2）前段调节（仅存在①）。

$$
\begin{cases}
\ln\left(\dfrac{P_{shadow}}{1-P_{shadow}}\right) = \alpha_0 + \alpha_1 Factors + \alpha_2 R + \alpha_3 Factors \times R \\
Score^j = \beta_0 + \beta_1 Shadow + \beta_2 Factors + \beta_3 R + \beta_4 Factors \times R \\
Conditional\ effect = (\alpha_1 + \alpha_3 R)\beta_1
\end{cases}
$$

（3）后段调节（仅存在②）。

$$
\begin{cases}
\ln\left(\dfrac{P_{shadow}}{1-P_{shadow}}\right) = \alpha_0 + \alpha_1 Factors \\
Score^j = \beta_0 + \beta_1 Shadow + \beta_2 Factors + \beta_3 R + \beta_5 Shadow \times R \\
Conditional\ effect = \alpha_1(\beta_1 + \beta_5 R)
\end{cases}
$$

其中，$Score$ 代表学生教育结果，上标 j 取 $1\sim2$，分别代表需要考察的两种教育结果（数学成绩和英语成绩）；$Factors$ 代表不同层面可被影子教育中介的关键异质性因素，包含了个体层、家庭层和学校层；$Shadow$ 代表影子教育获得，取值 $0\sim1$，P_{shadow} 为学生获得影子教育的概率，R 代表国家教育财政投入，$Condition\ effect$ 为条件中介效应。包含调节的中介效应我们同样可通过结构方程模型开展估计（Preacher et al，2007；Hayes，2013），温忠麟和叶宝娟（2014）给出了详细的检验步骤，本节据此实施，检验结果通过偏差校正的非参数百分位 Bootstrap 法进行判断，重抽样次数设定为 1000。

6.4.2　公共教育财政的调节效应检验

通过判断相应模型中 $\alpha_3\beta_5$、$\alpha_3\beta_1$、$\alpha_1\beta_5$ 的置信区间是否包含零可检验出教育财政是否具备全路径调节效果以及存在的具体调节路径，表 6-7 分别给出了以数学成绩和英语成绩为教育结果代表的检验结果。可以看出，在三种层面中，异质性因素通过影子教育影响教育结果均受到国家教育财政投入的调节，同时，影子教育的中介效应具有明显的教育财政调节分布差异，以数学成绩为代表的教育结果中，所有因素的财政调节作用于前段路径，即教育财政将对影子教育获得的异质性差异产生影响，进而改变教育结果不平等现状，而针对英语成绩来说，教育财政的调节效果更加丰富，在部分异质性因素的考察中，教育财政还具有后段路径的调节作用。

表6－7 公共教育财政的调节效应路径检验

异质性层面	异质性因素	数学成绩		英语成绩	
		前段调节	后段调节	前段调节	后段调节
学校层	学校排名	√	×	√	×
	学校类型	√	×	√	×
	学生规模	×	×	×	×
家庭层	家庭经济水平	√	×	×	√
	父代职业等级	√	×	√	×
	书籍拥有	√	×	√	×
	电脑网络拥有	×	×	×	√
	父母学业帮助	×	×	×	√
个体层	性别	×	×	×	√
	户口	×	×	×	√
	是否独生	×	×	×	√

具体来看，在以数学成绩为代表的教育结果下，学校层面的学生规模、家庭层面的电脑网络拥有和父母学业帮助以及个体层面的所有因素在影子教育中介过程的所有路径上均未受到教育财政的调节。另外，学校排名和类型、家庭经济水平、父代职业等级和家庭书籍拥有具有教育财政的前段调节影响。在以英语成绩为代表的教育结果下，教育财政对大部分异质性因素的影子教育中介—调节都产生于后段过程中，学校层的学生规模因素同样未受到调节影响。值得一提的是，与对数学成绩考察结果不同，此部分的检验结果不仅更大程度地显现出了后段路径调节，同时，个体层面异质性因素的被调节效果更加凸显。由此可以大致得出，异质性因素通过影子教育中介，进而影响教育结果不平等的财政调节效应具有不同维度和路径作用差异。

以上检验出了在被影子教育中介过程中，哪些因素受到了教育财政

的调节作用以及具体的调节路径。基于此，本节将更进一步地考察教育
财政的调节方向和效应大小。具体地，按照一般研究思路和惯例，我们
在教育财政的均值和均值上下一个标准差处获取其具体数值，并代入相
应的条件中介效应表达式，通过数值大小和变化方向得出相应结果和结
论（Preacher et al.，2007）。表 6 - 8 给出了具体的教育财政调节效果和
作用方向。

表 6 - 8　　　　　　　　公共教育财政的调节效应影响

教育结果	异质性因素	mean - 1sd	mean	mean + 1sd	调节方向	调节路径
数学成绩	学校排名	0.2585 **	0.1714 **	0.0843	-	前段调节
	学校类型	0.1494	1.0351 **	1.9208 **	+	前段调节
	家庭经济水平	0.2553 ***	0.1978 ***	0.1402 *	-	前段调节
	父代职业等级	0.4952 ***	0.4078 ***	0.3204 **	-	前段调节
	书籍拥有	0.3627 **	0.3074 **	0.2522 **	-	前段调节
英语成绩	学校排名	0.4561 ***	0.3024 ***	0.1487	-	前段调节
	学校类型	0.2479	1.7179 ***	3.1879 ***	+	前段调节
	家庭经济水平	0.5385 ***	0.3296 ***	0.1207 *	-	后段调节
	父代职业等级	0.8306 ***	0.6840 ***	0.5374 ***	-	前段调节
	书籍拥有	0.6132 ***	0.5198 ***	0.4263 ***	-	前段调节
	电脑网络拥有	0.1787	0.4878 ***	0.7969 ***	+	后段调节
	父母学业帮助	0.2248	0.6136 ***	1.0023 ***	+	后段调节
	性别	- 0.1580	- 0.4312 ***	- 0.7045 ***	+	后段调节
	户口	- 0.2183	- 0.5958	- 0.9734	+	后段调节
	是否独生	0.2136	0.5829 ***	0.9524 ***	+	后段调节

注：*、**、*** 分别表示估计系数在 10%、5% 和 1% 的显著性水平上通过检验。

　　总体来看，不论是数学成绩还是英语成绩，教育财政对不同层面的
各异质性因素调节程度显著不同，对家庭层因素的作用相对较大。具体
来看，在以数学成绩为教育结果代表的估计中，随着教育财政投入的增
加，学校层面的学校排名、家庭层面的父代职业等级和代表文化资本水
平的家庭书籍拥有的中介效应下降，说明教育财政在某种程度上缩小了
这三类异质性因素产生的教育结果不平等，统计角度上，教育财政在家

庭经济水平和父代职业等级因素上作用效果十分显著，降幅也最为明显，这可能是因为，家庭经济水平和父代职业是影响影子教育获得的重要因素，教育财政的投入降低了低经济水平和职业阶层的教育投入成本，缩小了差异直接带来的教育结果不平等，从影子教育中介出发的效应由此也出现减缓效果。另外，表6-8还显示，学校类型的影子教育中介效应将随着教育投入的增加而提高，即处于公立学校的家庭学生在外生投入增加时更有可能提升其影子教育的需求，而这一微观个体行为影响了教育结果公平的实现。

与数学成绩的估计结果对比看，教育财政在以英语成绩为被考察对象的条件下的调节效应更加明显，但调节方向没有发生任何改变，由此说明，教育财政的调节作用不因教育结果类型的不同而变化，在以上异质性因素影响教育结果过程中的调节作用相对稳定。与此同时，家庭文化资本中的另外两个代理变量结果表明，教育财政正向调节了拥有电脑网络和具有更高学业辅导频率的家庭参与影子教育的概率，进而拉大了学生在英语成绩方面的教育结果差异。个体层的三种异质性因素差异影响教育结果的中介过程，也受到了教育财政的调节，具体来看，教育财政投入增加将提升非农户口的女性学生通过影子教育带来的教育结果差异水平，基于本章原始数据给出的影子教育获得更加偏向于该类型学生群体的初步判断，这一结果表明教育财政有可能扩大了性别城乡属性的影子教育中介效果，更进一步影响教育结果公平，但这一结果受到样本结构影响，某种程度上的不具备充足的政策价值，但从侧面也证明了教育财政在其中的确扮演了重要作用。另外，独生家庭的学生在拥有相同教育财政补贴条件下，通过影子教育改变结果的动机更加明显。

| 6.5 本章小结 |

本章基于影子教育中介视角，利用中国教育追踪调查（CEPS）开展了微观异质性因素对我国教育结果公平影响的实证研究，深入考察国家公共教育财政投入是否降低影子教育产生的潜在教育结果不平等，最终得出如下主要结论。

第一，从异质性因素、影子教育获得和教育结果三者关系的初步考察中，我们利用基于样本的卡方独立性检验，主要得出以下两大结论。一是微观异质性因素差异同影子教育获得之间存在联系，个体异质性可能是影响个体参与影子教育的重要因素。其中，家庭层面异质性因素差异和影子教育获得之间具有更强的非独立性，个体层面次之，而学校层面最小，由此明确了家庭因素可能是影响影子教育获得的关键异质性类型，这也验证了部分现有文献的研究（薛海平，2015；薛海平等，2016；徐家庆和周远翔，2018）。二是影子教育同教育结果之间具有强烈关联，但在不同类型的教育结果考察下的表现有所差异。本章从认知能力、语文成绩、数学成绩和英语成绩四个方面分别考察得出，认知能力的水平分布呈现倒"U"型，影子教育获得带来的认知能力变化主要集中体现在提高中等水平认知能力方面，而对于其他三种类型的教育结果，影子教育获得可能增加了学生在各主要学科上的成绩提升，并都集中于高水平成绩方面。其中，影子教育对群体语文成绩提升的帮助不具有广泛性，而对数学成绩考察情况则相反，另外发现对英语成绩提升可能存在"培优"作用。

第二，基于初步考察，本章通过建立广义结构方程模型开展了影子教育的中介效应检验，利用偏差校正的非参数百分位 Bootstrap 法判断哪些微观异质性因素将受到影子教育的中介，为更进一步开展后续实证奠定基础。我们得出以下结论。一是影子教育在以认知能力和语文成绩为代表的教育结果检验中均未产生中介效果。其中，前者效应十分微小，而后者完全不显著。二是影子教育的中介作用主要存在以数学成绩和英语成绩为代表的教育结果的检验中，个体异质性差异将通过获取额外的影子教育参与机会而产生对教育结果公平不利的影响。结果表明，学校层的学校排名、学校类型和学生规模，家庭层的父代职业等级、家庭经济水平、书籍拥有、电脑网络拥有和父母学业帮助具有较强的被中介效果。另外，个体层的异质性因素被中介过程在英语成绩的考察中相对显著。

第三，考察教育财政是否具备降低影子教育带来的教育结果不平等，是本章最终关注的重点。通过构建包含调节效应的中介效应模型，一方面，我们检验是教育财政调节作用是否存在；另一方面还明确了具体调节路径和调节方向。我们得出以下结论。一是异质性因素通过影子教育中介，进而影响教育结果不平等的财政调节效应具有不同维度和路径作用差异。具体来看，不论针对哪类教育结果，教育财政在学校排名和类型、父代职业等级和家庭书籍拥有方面都存在前段调节影响。而家庭经济水平的调节路径具有差异。另外，个体层面因素只在以英语成绩为代表的教育结果的检验中受到了教育财政的调节影响，且均为后段调节。二是教育财政对不同层面的各异质性因素调节程度和方向显著不同，对家庭层因素差异通过影子教育中介，进而形成教育结果不平等的调节作用相对较大。具体来看，教育财政降低了经济水平、父代职业等级和家庭藏书差异带来的教育结果不公，而公立学校的家庭学生在外生投入增加时更有可能提升其影子教育的需求，而这一微观个体行为影响了教育结果公平的实现。同时，在以英语成绩为被考察对象条件下的调节效应更加明显，但调节方向没有发生任何改变，说明教育财政在中介过程中起到调节作用相对稳定，另外，对个体层的作用效果不具有充足的政策参考价值。

第7章

主要结论、建议与研究展望

本书从国家公共教育财政的视角出发，探讨了我国的教育公平问题。本书基于详细的背景梳理和相关研究文献的总结，首先研究了公共教育财政的自身公平性特征，基于此，开展了教育机会和教育结果不平等的相关问题研究，最终得出了相关研究结论，并提出了一些政策性建议和研究展望。

| 7.1 主要结论 |

以研究思路为导向，本书得出如下主要结论。

第一，从公共教育财政的投入角度而非支出角度，探讨教育经费分配差异具有一定的意义，也是教育过程公平问题研究的重要方面之一。利用更加微观的县级层面数据，本书基于姚（1999）提出的不平等测度和分解方法，计算得到了全国、区域、群组的公共教育财政分配差异情况，并对全国层面经费来源差异进行分解，同时对区域和群组也开展了相应的分解工作。本书得出：（1）公共教育财政经费投入在县级层面分配差异较小，考察期的计算结果表明公共教育财政经费分配总体均衡。从经费来源看，教育事业费投入差异贡献程度最小，但是起到缓解总体教育经费投入非均衡水平的唯一指标，科研经费等其他分项的分配差异是总差异形成的主要来源；（2）与全国情况相比，各省（区、市）的经费分配更加均衡，但不同区域均衡水平具有一定的差异，同时，大多区域处于中等层次的均衡水平，聚集特征明显；（3）另外，基于区域和群组的分解结果，可以看出，针对区域分解结果，公共教育财政投入总差异主要来源于组间差异的贡献，且对总差异起到促减效应。针对群组分解结果，总差异几乎均等地来源于总组内差异、组间差异和剩余项差异三个分项，组间差异仍是总差异的主要来源。另外，从群组类型上来看，东部地区的分配差异是导致全国总差异的原因，中部和西部地区分配均衡对总体均衡程度的提升起到帮助，同时，在考察期内，东部和中部地区自身差异变化不大，而西部地区的公共教育财政分配差异正逐步缩小。

第二，以学前教育、义务教育和高中教育阶段教育为主要研究对象，本书利用2010～2016年全国省级面板数据开展了基础教育公共教育财政的空间动态收敛性研究。研究得出：（1）从 σ - 收敛模型和绝对 β - 收敛模型的估计中，可以看出，基础教育总体和不同教育阶段均展现的是发散状态，但从走势来看，存在未来收敛的可能；（2）以条件 β - 收敛模型为基础，加入新经济地理学等空间相关理论，更进一步得出，基础教育公共教育财政具有显著的空间相关性，空间溢出效应随着教育层级的提高而增强，地方政府的空间互动将会显著提高该地区的基础教育财政投入的条件 β - 收敛水平，义务教育阶段收敛状况最优，而学前教育公共财政投入是未来需要关注的重点方面。

第三，基于公共教育财政自身分配公平特征。本书首先开展了我国教育入学机会不平等问题研究。在孟希（Munshi，2011）和邵宜航和徐菁（2017）模型基础上，考虑了外生公共教育财政因素，并结合相关教育政策探讨微观家庭入学决策的群体差异，以及公共教育财政的调节效应大小和方向。本书利用中国家庭微观调查基线数据进行验证，研究得出以下结论。(1) 高校扩招政策的实施将减少群体内阶层差异对家庭入学决策的影响，其中，城乡属性、性别特征和资源占有差异是影响教育机会不平等的关键方面。在扩招政策下，城乡差异并未缩小，但对性别差异和资源占有差异的降低起到一定的帮助。另外，从分样本回归结果中可以得出，扩招政策对农村、女性和非独生个体具有偏向性影响。（2）国家公共教育财政投入将增加个体的入学机会。公共教育财政每提高 1 个单位，个体入学机会获得增加 5.44%。另外，公共教育财政对城乡、性别和资源占有三个层面的教育机会获得差异都起到了降低的作用（分别降低 0.28%、0.49% 和 0.08%），此点在城乡和性别层面上表现尤为显著。

第四，学生成绩差异作为教育公平问题研究的另一个重要方面，本书同样对此进行了深刻讨论。结合课外补习这一热点话题，研究基于广义结构方程模型并利用中国教育追踪调查微观数据开展验证，研究得出：（1）微观异质性因素、影子教育和教育结果之间存在强烈关联，影子教育可能加剧了个体差异形成的教育结果不平等；（2）影子教育对不同类型教育结果产生的作用不同，具体来看，其对语文成绩提升不具有广泛性，而对数学成绩的考察情况则相反，另外发现影子教育对英语成绩提升可能存在"培优"作用；（3）通过更进一步的中介效应模型估计结果，本书得出，影子教育的中介作用主要存在以数学成绩和英语成绩为代表的教育结果的检验中，个体异质性差异将通过获取额外的影子教育参与机会而产生对教育结果公平不利的影响，而家庭层面的异质性差异是其中最为关键的因素；（4）异质性因素通过影子教育中介作用，进而影响教育结果不平等的公共教育财政调节效应具有不同维度和路径上的作用差异；（5）公共教育财政对不同层面的各类异质性因素调节程度和方向显著不同，对家庭层因素调节作用相对较大，具体来看，公共教育财政降低了家庭经济水平、父代职业等级和家庭文化资本差异带来的教育结果不平等。

| 7.2　政策性建议 |

教育公平已成为政府和公众关注的重点话题，也是我国未来教育事业继续发展所需要面对的关键问题。本书基于公共教育财政视角对此开展了详细讨论，基于所得到的研究结论，给出如下政策性建议。

第一，需深刻理解公共教育财政在教育公平实现中的重要作用，制定符合我国教育事业发展的财政均衡分配评判标准。现有研究，包括本书相关章节的研究均以收入分配差异的国际标准进行对比判断，结论虽然表明目前我国公共教育财政投入差异并未超过所谓的警戒线。但是，单一且缺乏有针对性的评判标准，并不能完全作为判断教育领域发展是否均衡的唯一准则。在"以县为主"的公共教育财政经费投入制度下，结合我国教育事业发展具体情况，以及考虑区域异质性情况开展综合评估，进而制定出符合我国教育事业发展实际的财政均衡分配评价标准，是未来需要关注的重点。

第二，需继续加大公共教育财政投入力度，加强教育发展的区域联动，推进基础教育巩固提高。虽然，我国公共教育财政投入持续增加，其占国内生产总值比例连续8年达到4%标准，但是投入总量和比例仍与世界其他国家存在较大差距。公共教育财政投入总量是保障均衡实现的必要条件之一，因而，未来需继续加大公共教育财政投入力度，进一步强化完善教育经费保障机制和提高加强教育经费配置监管，具体而言，要制定相对统一的资源拨付标准，明确各级政府的权力责任，为教育资源，尤其是教育财政资源的投入建立相应的法律法规，以便形成良好的教育财政投入和支出环境，为教育公平实现提供保障。除此之外，根据本书相关章节的研究结论，还需更加关注基础教育发展的区域联动效应，在投入总量和结构上双向把关，加强某一区域均衡发展对其周边区域的带动和辐射作用，将空间溢出效应进一步扩大，最终实现全国层面整体均衡程度的提高。

第三，进一步关注教育入学机会不平等对教育公平实现的影响。相关教育政策带来了教育机会的显著提升，然而教育机会不平等问题依然存在。尤其是高等教育的入学机会不平等是未来需要关注的重点方面，本书对此也开展了深刻讨论。高等教育是高质量人力资源培育的关键阶段，保障其入学机会平等是实现教育强国的关键。就本书研究结论来看，我们仍需在推进高等教育内涵式发展的政策要求下，更进一步关注和缩小教育机会不平等的城乡差异和性别差异，保障不同类型和阶层的微观个体享受到同等教育资源。另外，需加强国家公共教育财政在缩小教育机会不平等过程中的重要作用，公共教育财政的分配方向也需要根据教育事业发展现实需求进行及时调整。

第四，加强规范校外培训，公共教育资源需适当倾斜弱势群体，并改善学校教育质量，缩小学生成绩差异程度。本书相关章节开展了基于公共教育财政的学生成绩差异形成研究，所得结论给出了一定的政策启示。首先，影子教育是教育事业发展的必要补充，但当下影子教育的超前教、超前学以及违规办学严重影响了教育公平的实现进度。因此，政府需更加重视影子教育在教育公平实现过程中扮演的重要角色，尤其要明确其在微观异质性差异影响教育结果不平等中产生的中介作用过程，有针对性地开展影子教育的专项整治工作，减弱影子教育带来的不利影响，将影子教育公平获得作为未来的主要发展方向，以最大限度发挥影子教育为相对弱势群体提供优质教育资源的优势。目前，关于影子教育的专项整改工作已经初见成效，2018 年 8 月，国务院办公厅发布《关于规范校外培训机构发展的意见》，首次从国家层面提出了关于规范校外培训机构发展的系统性文件。截至 2018 年底，针对全国 2758 个县（市、区）已全面摸排了校外培训机构 40.1 万所，其中，27.3 万所存在问题，并完成整改了 27 万所。① 其次，本书主要结论得出了国家教育财政投入能减缓影子教育中介带来的教育结果不平等，尤其是家庭资本异质性差异形成的教育结果不公。因此，公共教育财政应更进一步地适度偏向于弱势家庭资本群体，加强在改善学校教育质量方面的作用，将可能在一定程度上缩小非规范化影子教育对教育结果公平产生的不利影响。

| 7.3　研究展望 |

本书以国家公共教育财政为研究核心，对我国教育公平问题进行了

---

① 《教育部办公厅关于全国校外培训机构专项治理行动整改工作进展情况的通报（截至 2018 年 11 月 30 日）》。

系统的研究。结合教育政策和社会热点，全书主要探讨了公共教育资源分配差异、入学机会不平等以及学生学业成绩差异等问题。由于种种原因，本书仍有诸多不完善之处可供改进，这也将作为未来继续开展研究的方向。

首先，公共教育财政自身分配公平性问题是重要的研究方向，也是教育公平问题研究的关键对象。但是，教育公平的内涵不仅包含公共教育资源的分配，还涵盖了其他类型教育资源，甚至是与教育相关的其他资源的分配均等。另外，从更广义地来看，还应包含个体是否在受教育过程中受到了公平的对待，等等。由于本书研究核心是政府公共教育财政，因而，本书的教育公平问题主要围绕公共教育财政分配开展。上述的其他方面将可能成为未来教育公平问题研究的方向。与此同时，本书也多次强调，关于以公共教育财政分配为代表的教育公平问题研究，未来的主要着手点可能需要建立更加符合我国教育发展实际的均衡分配评价标准，不论是单指标设计还是指标体系的建立方面都亟待加强。

其次，针对教育入学机会不平等问题。本书只选择性地以高等教育为主要考察对象开展相应研究，一方面，这是考虑到在 1999 年国务院颁布的《面向 21 世纪教育振兴行动计划》后高等教育发展显著，结合这一教育政策，将使研究结果更加丰满且具有一定的政策内涵；另一方面，目前高等教育入学机会平等的相关研究文献较为充裕，有利于本书顺利站在前人研究基础上继续开展拓展性研究。然而，随着社会不断发展，入学机会不平等问题在学前教育阶段也逐渐凸显，而鲜有文献对此进行系统研究。"入园难、入园贵、监管弱"等问题是目前制约学前教育健康发展的关键阻碍，《2019 年国务院政府工作报告》中明确强调，"多渠道扩大学前教育供给，无论是公办还是民办幼儿园"。笔者认为，不能满足需求的供给终将导致某类群体利用各种资源开展不利于其他群体的非公平性竞争，当下学前教育出现的种种问题正是由此而来的。所以，未来开展学前教育的入学机会不平等问题研究也十分必要和重要，同时也可进一步探讨政府在学前教育财政投入方面如何进行改善。

再次，针对学生成绩差异形成问题。本书以学生的关键学业课（如语文、数学、英语）成绩度量了教育结果，这也是大多数文献的标准做法，但这无疑仅展现的是教育结果的冰山一角。虽然，关键学业课成绩可以很好量化教育结果，将教育结果显性化地表现出来，却无法完全代表教育结果公平问题研究的所有方面。所以，本书该部分的研究存在一定的局限性，基于国家提出的素质教育理念，在未来，教育结果公平问题的研究可以更深入地考察除主要学业课之外的其他学业课程，甚至可以尝试将兴趣课的教育结果进行量化，进而开展相应研究。另外，本书结合了校外辅导这一话题进行了讨论，今后还可结合其他热点话题对教育结果公平问题开展更有意义的机制探讨。

最后，教育质量问题和教育效率问题通常与教育公平问题研究相平行（Cheong et al.，1997；Skolnik，2016）。公平与质量、公平与效率也一直是政府公众以及研究者关注的重点，在教育领域更是如此。结合国家公共教育财政的相应问题讨论还有待扩充。教育质量关系到教育的效果，提高教育质量将对建立创新型国家、增强我国教育国际竞争力起到重要的作用。结合我国特有的教育环境，针对各级各类学校，构建出符合区域特征的教育质量评价体系是探究教育质量现状的第一步。同时，教育质量评估还体现在国家教育财政的投入和使用效率以及教育给民众带来的获得感和幸福感上。因此，对教育质量相关方面进行研究，不仅可以对当前我国教育质量状况有一定的了解，还能给国家如何高效配置教育资源、民众如何从教育资源中获得更深层次的感知以及如何通过提升教育质量降低教育不平等等方面提供具体建议，笔者认为，这也将成为未来研究的重点方面。

参 考 文 献

一、中文部分

[1] 鲍传友：《中国城乡义务教育差距的政策审视》，载《北京师范大学学报（社会科学版）》2005 年第 3 期。

[2] 蔡超、许启发：《高等教育入学机会城乡差异研究——基于二元选择 O－B 分解方法》，载《统计与信息论坛》2012 年第 4 期。

[3] 蔡海静、马汨京：《高校扩招，能力异质性与大学毕业生就业》，载《中国人口科学》2015 年第 4 期。

[4] 曹妍、张瑞娟：《我国高等教育入学机会及其地区差异：2007－2015 年》，载《教育发展研究》2017 年第 1 期。

[5] 曾满超、丁小浩、沈华：《初中生课外补习城乡差异分析——基于甘肃、湖南和江苏 3 省的初中学生课外补习调查》，载《教育与经济》2010 年第 2 期。

[6] 曾满超、丁延庆：《中国义务教育财政面临的挑战与教育转移支付》，载《北京大学教育评论》2003 年第 1 期。

[7] 陈纯槿、郅庭瑾：《教育财政投入能否有效降低教育结果不平等——基于中国教育追踪调查数据的分析》，载《教育研究》2017 年第 7 期。

[8] 褚宏启：《关于教育公平的几个基本理论问题》，载《中国教育学刊》2006 年第 12 期。

[9] 褚昭伟：《教育公平类别的精细划分与义务教育公共服务的精准提供》，载《教育理论与实践》2018 年第 22 期。

[10] 邓明、钱争鸣：《我国省际知识存量、知识生产与知识的空间溢出》，载《数量经济技术经济研究》2009 年第 5 期。

[11] 杜育红：《我国地区间高等教育发展差异的实证分析》，载《高等教育研究》2000年第3期。

[12] 樊继达：《公共经济视角下的城乡义务教育：差距及收敛》，载《中央财经大学学报》2009年第9期。

[13] 范晓慧：《"影子教育"的思考：多种视角》，载《清华大学教育研究》2008年第6期。

[14] 方杰、温忠麟、张敏强等：《基于结构方程模型的多重中介效应分析》，载《心理科学》2014年第3期。

[15] 顾佳峰：《县际竞争和公共教育财政资源配置——基于空间经济计量研究》，载《教育科学文摘》2012年第4期。

[16] 顾佳峰：《中国基础教育财政收敛性实证研究——基于空间计量视角》，载《教育与经济》2008年第4期。

[17] 韩海彬、李全生：《中国农村教育收敛分析——基于省级面板数据的实证研究》，载《教育与经济》2013年第2期。

[18] 洪秀敏、马群：《区域学前教育公平的权责博弈——基于城乡政府履职的差异分析》，载《北京师范大学学报（社会科学版）》2015年第6期。

[19] 胡耀宗：《现代教育财政制度建设的逻辑起点和主要任务》，载《清华大学教育研究》2018年第3期。

[20] 胡咏梅、范文凤、丁维莉：《影子教育是否扩大教育结果的不均等——基于PISA 2012上海数据的经验研究》，载《北京大学教育评论》2015年第3期。

[21] 姜鑫、罗佳：《基于泰尔指数的城乡义务教育均等化评价》，载《技术经济与管理研究》2012年第12期。

[22] 姜星海、孙瑀锶：《我国高等教育公平研究述评》，载《清华大学教育研究》2018年第4期。

[23] 靳振忠、王亮、严斌剑：《高等教育获得的机会不平等：测度与分解》，载《经济评论》2018年第4期。

[24] 李春玲：《高等教育扩张与教育机会不平等——高校扩招的平

等化效应考查》，载《社会学研究》2010 年第 3 期。

［25］李佳丽、胡咏梅、范文凤：《家庭背景、影子教育和学生学业成绩——基于 Wisconsin 模型的经验研究》，载《教育经济评论》2016 年第 1 期。

［26］李婧、谭清美、白俊红：《中国区域创新生产的空间计量分析——基于静态与动态空间面板模型的实证研究》，载《管理世界》2010 年第 7 期。

［27］李恺、罗丹：《义务教育均衡发展的收敛性分析——基于我国 31 个省（市）面板数据的实证研究》，载《教育发展研究》2015 年第 10 期。

［28］李立国：《中国高等教育大众化发展模式的转变》，载《清华大学教育研究》2014 年第 35 期。

［29］李文利：《高等教育财政政策对入学机会和资源分配公平的促进》，载《北京大学教育评论》2006 年第 2 期。

［30］李煜：《制度变迁与教育不平等的产生机制——中国城市子女的教育获得（1966—2003）》，载《中国社会科学》2006 年第 4 期。

［31］栗玉香：《义务教育财政均衡效果与政策选择》，载《中央财经大学学报》2010 年第 1 期。

［32］林涛、成刚：《我国义务教育财政公平的经验研究——基于浙江省普通小学数据的分析》，载《北京师范大学学报（社会科学版）》2008 年第 3 期。

［33］刘颂：《我国义务教育发展的城乡差异分析》，载《现代教育管理》2006 年第 11 期。

［34］刘宛晨、周伟：《促进我国高等教育入学机会公平的财政政策研究——基于高等教育资源配置的角度》，载《财经理论与实践》2007 年第 6 期。

［35］刘小春、李婵：《农村基础教育财政投入的国际经验及其启示》，载《教育探索》2010 年第 5 期。

［36］路晓峰、邓峰、郭建如：《高等教育扩招对入学机会均等化的

影响》，载《北京大学教育评论》2016 年第 3 期。

[37] 马海涛、王昊：《中国特色财政改革的伟大实践——改革开放 40 年回顾与思考》，载《财经问题研究》2018 年第 11 期。

[38] 马宇航、杨东平：《城乡学生高等教育机会不平等的演变轨迹与路径分析》，载《清华大学教育研究》2015 年第 2 期。

[39] 马志远、金瑞：《财政约束条件下的教育公平与教育财政政策选择》，载《教育经济评论》2016 年第 3 期。

[40] 孟凡强、初帅、李庆海：《高等教育规模扩张是否缓解了城乡教育机会不平等?》，载《教育与经济》2017 年第 4 期。

[41] 彭湃：《"影子教育"：国外关于课外补习的研究与启示》，载《比较教育研究》2008 年第 1 期。

[42] 钱国英、唐丽静：《城市义务教育阶段学生参加课外补习机率的影响因素分析——基于武汉、深圳的调查》，载《教育财会研究》2009 年第 3 期。

[43] 屈陆：《城乡统筹视野中的教育均衡发展问题与对策分析》，载《理论与改革》2009 年第 4 期。

[44] 邵宜航、徐菁：《高等教育扩张与教育机会不平等演变》，载《经济学动态》2017 年第 12 期。

[45] 孙百才：《测度中国改革开放 30 年来的教育平等——基于教育基尼系数的实证分析》，载《教育研究》2009 年第 1 期。

[46] 谭俊英、邹媛：《省域内普通高中教育投入差距测度与分析——基于西部 A 省 3 县的调查》，载《教育导刊（上半月）》2016 年第 10 期。

[47] 汤林春：《上海小学教育均衡发展程度的研究——基于综合教育基尼系数的方法》，载《教育发展研究》2013 年第 2 期。

[48] 田志磊、袁连生、张雪：《地区间城乡义务教育公平差异研究》，载《教育与经济》2011 年第 2 期。

[49] 王杰茹：《社会分层、财政支出与高等教育均衡：一个文献综述》，载《公共财政研究》2017 年第 4 期。

[50] 王善迈、董俊燕、赵佳音：《义务教育县域内校际均衡发展评价指标体系》，载《教育研究》2013 年第 2 期。

[51] 王善迈、杜育红、刘远新：《我国教育发展不平衡的实证分析》，载《教育研究》1998 年第 6 期。

[52] 王善迈、袁连生、田志磊、张雪：《我国各省份教育发展水平比较分析》，载《教育研究》2013 年第 6 期。

[53] 王少义、杜育红：《高等教育入学机会地域不公平研究》，载《国家教育行政学院学报》2013 年第 5 期。

[54] 王伟宜：《高等教育入学机会获得的阶层差异分析——基于 1982—2010 年我国 16 所高校的实证调查》，载《高等教育研究》2013 年第 12 期。

[55] 翁秋怡：《"影子教育"研究述评：需求、效果及公平性讨论》，载《教育经济评论》2017 年第 2 期。

[56] 吴红斌、马莉萍：《义务教育绩效工资改革对教师工资水平的影响——基于县级面板数据实证分析的研究》，载《教育研究》2017 年第 3 期。

[57] 吴愈晓：《中国城乡居民的教育机会不平等及其演变（1978 - 2008）》，载《中国社会科学》2013 年第 3 期。

[58] 温忠麟、张雷、侯杰泰等：《中介效应检验程序及其应用》，载《心理学报》2004 年第 5 期。

[59] 温忠麟、侯杰泰、张雷：《调节效应与中介效应的比较和应用》，载《心理学报》2005 年第 2 期。

[60] 温忠麟、叶宝娟：《中介效应分析：方法和模型发展》，载《心理科学进展》2014 年第 5 期。

[61] 温忠麟、叶宝娟：《有调节的中介模型检验方法：竞争还是替补?》，载《心理学报》2014 年第 5 期。

[62] 邢春冰、李实：《扩招"大跃进"、教育机会与大学毕业生就业》，载《经济学（季刊）》2011 年第 4 期。

[63] 邢春冰：《教育扩展、迁移与城乡教育差距》，载《经济学（季

刊)》2013 年第 1 期。

[64] 夏焰、崔玉平：《中国省际高等教育资源的优化配置——基于生均经费支出差异及收敛的实证分析》，载《教育发展研究》2014 年第 5 期。

[65] 熊艳艳、刘震、周承川：《初始禀赋、资源配置、教育扩展与教育公平——关于教育不平等影响因素实证研究的述评》，载《清华大学教育研究》2014 年第 3 期。

[66] 徐家庆、周远翔：《异质性层面、影子教育与教育公平》，载《南通大学学报（社会科学版）》2018 年第 5 期。

[67] 薛二勇：《论教育公平发展的财政政策创新——基于美国的政策分析》，载《教育研究》2011 年第 10 期。

[68] 薛海平、丁小浩：《中国城镇学生教育补习研究》，载《教育研究》2009 年第 1 期。

[69] 薛海平、李静：《家庭资本、影子教育与社会再生产》，载《教育经济评论》2016 年第 4 期。

[70] 薛海平、王东、巫锡炜：《课外补习对义务教育留守儿童学业成绩的影响研究》，载《北京大学教育评论》2014 年第 3 期。

[71] 薛海平：《从学校教育到影子教育：教育竞争与社会再生产》，载《北京大学教育评论》2015 年第 3 期。

[72] 薛海平：《家庭资本与教育获得：基于影子教育中介效应分析》，载《教育与经济》2018 年第 4 期。

[73] 叶宝娟、温忠麟：《有中介的调节模型检验方法：甄别和整合》，载《心理学报》2013 年第 9 期。

[74] 闫广芬、石慧：《改革开放 40 年来职业教育"中国模式"的内生重构》，载《西南大学学报（社会科学版）》2019 年第 1 期。

[75] 杨颖秀：《基础教育生均预算内公用经费支出的基尼系数考查》，载《教育研究》2005 年第 9 期。

[76] 叶平、张传萍：《基础教育生均预算内公用经费基尼系数的再考查——兼与杨颖秀教授商榷》，载《教育研究》2007 年第 2 期。

［77］余漫、林万龙：《地方政府农村基础教育投入行为分析——基于预算内、外投入关系的分析》，载《教育与经济》2013 年第 5 期。

［78］袁诚、张磊、曾颖：《地方教育投入对城镇家庭教育支出行为的影响——对我国城镇家庭动态重复截面数据的一个估计》，载《经济学动态》2013 年第 3 期。

［79］袁连生：《我国义务教育财政不公平探讨》，载《教育与经济》2001 年第 4 期。

［80］袁连生：《中国教育财政体制的特征与评价》，载《北京师范大学学报（社会科学版）》2011 年第 5 期。

［81］翟博：《中国基础教育均衡发展实证分析》，载《教育研究》2007 年第 7 期。

［82］张苑沼：《我国基础教育财政公平与财政中性的定量测度》，载《数量经济技术经济研究》2013 年第 5 期。

［83］张兆曙、陈奇：《高校扩招与高等教育机会的性别平等化——基于中国综合社会调查（CGSS2008）数据的实证分析》，载《社会学研究》2013 年第 2 期。

［84］赵彦俊、刘敏慧：《学前教育生均经费投入的区域差异分析——基于基尼系数和帕尔玛比值的考查》，载《学前教育研究》2017 年第 8 期。

［85］郑展鹏、岳帅：《我国教育资源配置的区域差异缩小了吗——基于省际面板数据模型的分析》，载《教育发展研究》2017 年第 9 期。

［86］钟景迅、刘任芳、陈明：《困局与缺位：地方各级政府义务教育财政投入现状分析——以 A 省部分欠发达地区教育局长的质性研究为例》，载《教育发展研究》2016 年第 2 期。

［87］钟宇平、雷万鹏：《公平视野下中国基础教育财政政策》，载《教育与经济》2002 年第 1 期。

［88］朱迎春、周志刚：《从教育公平原则看中国城乡教育差距》，载《教育理论与实践》2006 年第 7 期。

［89］宗晓华、陈静漪：《集权改革、城镇化与义务教育投入的城乡

差距——基于刘易斯二元经济结构模型的分析》，载《清华大学教育研究》2016 年第 4 期。

［90］宗晓华、丁建福：《我国义务教育财政制度变革与城乡差距——基于 1999—2009 年省级面板数据的实证分析》，载《教育发展研究》2013 年第 11 期。

二、英文部分

［1］Baker D. P., Akiba M., Letendre G. K., et al., Worldwide Shadow Education: Outside-School Learning, Institutional Quality of Schooling, and Cross-National Mathematics Achievement. *Educational Evaluation and Policy Analysis*, 2001, 23（1）: 1 – 17.

［2］Baron R. M., Kenny D. A., The Moderator-Mediator Variable Distinction in Social Psychological Research: Conceptual, Strategic, and Statistical Considerations. *Journal of Personality and Social Psychology*, 1986, 51（6）: 1173.

［3］Barro R. J., Sala-i-Martin X., Blanchard O. J., et al., Convergence Across States and Regions. *Brookings Papers on Economic Activity*, 1991（1）: 107 – 182.

［4］Beenstock M., Felsenstein D., Spatial Vector Autoregressions. *Spatial Economic Analysis*, 2007, 2（2）: 167 – 196.

［5］Becker G. S., Tomes N., Human Capital and the Rise and Fall of Families. *Journal of Labor Economics*, 1986, 4（3）: 1 – 39.

［6］Behrman J. R., Rosenzweig M. R., Does increasing Women's Schooling Raise the Schooling of the Next Generation? . *American Economic Review*, 2002, 92（1）: 323 – 334.

［7］Blankenau W. F., Simpson N. B., Public Education Expenditures and Growth. *Journal of Development Economics*, 2004, 73（2）: 583 – 605.

［8］Blankenau W., Cassou S. P., Ingram B., Allocating Government Education Expenditures Across K – 12 and College Education. *Economic Theo-*

ry, 2007, 31 (1): 85 - 112.

[9] Bernard A. B., Durlauf S. N., Convergence in International Output. *Journal of Applied Econometrics*, 1995, 10 (2): 97 - 108.

[10] Berne R., Stiefel L., The Measurement of Equity in School Finance with an Expenditure Disparity Measure. Papers in Education Finance. *Educational Finance*, 1978 (19): 274.

[11] Baumol W. J., Wolff E. N., Productivity Growth, Convergence, and Welfare: Reply. *American Economic Review*, 1988, 78 (5): 1155 - 1159.

[12] Birdsall N., Londono J. L., Asset inequality Matters: an Assessment of the World Bank's Approach to Poverty Reduction. *American Economic Review*, 1997, 87 (2): 32 - 37.

[13] Blake J., Family Size and the Quality of Children. *Demography*, 1981, 18 (4): 421 - 442.

[14] Borsi M. T., Metiu N., The Evolution of Economic Convergence in the European Union. *Empirical Economics*, 2015, 48 (2): 657 - 681.

[15] Boudon R., Education, Opportunity, and Social inequality: Changing Prospects in Western Society. *American Political Science Review*, 1974, 70 (2): 220 - 605.

[16] Bray M., Kwok P., Demand for Private Supplementary Tutoring: Conceptual Considerations, and Socio - Economic Patterns in Hong Kong. *Economics of Education Review*, 2003, 22 (6): 611 - 620.

[17] Bray M., Zhan S., Lykins C., et al., Differentiated Demand for Private Supplementary Tutoring: Patterns and Implications in Hong Kong Secondary Education. *Economics of Education Review*, 2014 (38): 24 - 37.

[18] Bray M., Private Supplementary Tutoring: Comparative Perspectives on Patterns and Implications. *Compare a Journal of Comparative & International Education*, 2006, 36 (4): 515 - 530.

[19] Bray T. M. , *The Shadow Education System: Private Tutoring and Its Implications for Planners*. Unesco International Institute for Educational Planning, 1999.

[20] Bräuninger M. , Vidal J. P. , Private Versus Public Financing of Education and Endogenous Growth. *Journal of Population Economics*, 2000, 13 (3): 387 –401.

[21] Breen R. , Goldthorpe J. H. , Explaining Educational Differentials: towards a Formal Rational Action Theory . *Rationality & Society*, 1997, 9 (3): 275 –305.

[22] Briggs D. , The Effect of Admissions Test Preparation: Evidence from Nels: 88. *Chance*, 2001, 14 (1): 10 –18.

[23] Buchmann C. , Getting Ahead in Kenys: Social Capital, Shadow Education, and Achievement . *Research in the Sociology of Education*, 2002, 13: 133 –159.

[24] Byron R. P. , Manaloto E. Q. , Returns to Education in China. *Economic Development and Cultural Change*, 1990, 38 (4): 783 –796.

[25] Cameron S. V. , Heckman J. J. , The Dynamics of Educational Attainment for Black, Hispanic, and White Males. *Journal of Political Economy*, 2001, 109 (3): 455 –499.

[26] Cahalan M. , Perna L. , Indicators of Higher Education Equity in the United States: 45 Year Trend Report. *Pell Institute for the Study of Opportunity in Higher Education*, 2015.

[27] Caprara G. V. , Barbaranelli C. , Pastorelli C. , et al. , Prosocial Foundations of Children's Academic Achievement. *Psychological Science*, 2000, 11 (4): 302 –306.

[28] Cheong Cheng Y. , Ming Tam W. , Multi-Models of Quality in Education. *Quality Assurance in Education*, 1997, 5 (1): 22 –31.

[29] Choi J. , Unequal Access to Shadow Education and Its Impacts on

Academic Outcomes: Evidence from Korea. Spring 2012 Meeting of Isa Rc, 2012: 10 – 13.

[30] Dang H. A., The Determinants and Impact of Private Tutoring Classes in Vietnam. *Economics of Education Review*, 2007, 26 (6): 683 – 698.

[31] Dang H. A., Rogers F. H., The Growing Phenomenon of Private Tutoring: Does It Deepen Human Capital, Widen inequalities, or Waste Resources? . *the World Bank Research Observer*, 2008, 23 (2): 161 – 200.

[32] Elhorst J. P., Specification and Estimation of Spatial Panel Data Models. *International Regional Science Review*, 2003, 26 (3): 244 – 268.

[33] Esping-andersen G., Wagner S., Asymmetries in the Opportunity Structure. Intergenerational Mobility Trends in Europe. *Research in Social Stratification & Mobility*, 2012, 30 (4): 473 – 487.

[34] Fritz M. S., Taylor A. B., Mackinnon D. P., Explanation of Two Anomalous Results in Statistical Mediation Analysis. *Multivariate Behavioral Research*, 2012, 47 (1): 61 – 87.

[35] Glomm G., Kaganovich M., Distributional Effects of Public Education in an Economy with Public Pensions. *International Economic Review*, 2003, 44 (3): 917 – 937.

[36] Gu J., Spatial Diffusion of Social Policy in China: Spatial Convergence and Neighborhood Interaction of Vocational Education. *Applied Spatial Analysis and Policy*, 2016, 9 (4): 503 – 527.

[37] Ha T. T., Harpham T., Primary Education in Vietnam: Extra Classes and Outcomes. *International Education Journal*, 2005, 6 (5): 626 – 634.

[38] Hanushek E. A., Kain J. F., Markman J. M., et al., Does Peer Ability Affect Student Achievement? . *Journal of Applied Econometrics*, 2003, 18 (5): 527 – 544.

[39] Haim E. B. , Shavit Y. , Expansion and Inequality of Educational Opportunity: a Comparative Study. *Research in Social Stratification & Mobility*, 2013, 31 (1): 22 – 31.

[40] Hanushek E. , Raymond M. E. , Does School Accountability Lead to Improved Student Performance? . *Journal of Policy Analysis & Management*, 2005, 24 (2): 297 – 327.

[41] Hayes A. , Introduction to Mediation, Moderation, and Conditional Process Analysis. *Journal of Educational Measurement*, 2013, 51 (3): 335 – 337.

[42] Hayes A. F. , Scharkow M. , the Relative Trustworthiness of Inferential Tests of the Indirect Effect in Statistical Mediation Analysis: Does Method Really Matter? . *Psychological Science*, 2013, 24 (10): 1918 – 1927.

[43] Hayes A. F. , Beyond Baron and Kenny: Statistical Mediation Analysis in the New Millennium. *Communication Monographs*, 2009, 76 (4): 408 – 420.

[44] Healy T. , Istance D. , International Equity Indicators in Education and Learning in Industrialized Democracies. *in Pursuit of Equity in Education*, 2002: 195 – 215.

[45] Hoe S L. , Issues and Procedures in Adopting Structural Equation Modeling Technique. *Journal of Applied Quantitative Methods*, 2008, 3 (1): 76 – 83.

[46] Holmes M. J. , Convergence in International Output: Evidence from Panel Data Unit Root Tests. *Journal of Economic Integration*, 2002, 17 (4): 826 – 838.

[47] Holmlund H. , LIndahl M. , Plug E. , the Causal Effect of Parents' Schooling on Children's Schooling: a Comparison of Estimation Methods. *Journal of Economic Literature*, 2011, 49 (3): 615 – 651.

[48] Houtenville A. J. , Conway K. S. , Parental Effort, School Re-

sources, and Student Achievement. *Journal of Human Resources*, 2008, 43 (2): 437 – 453.

[49] Iacobucci D. , Mediation Analysis and Categorical Variables: The Final Frontier. *Journal of Consumer Psychology*, 2012, 22 (4): 582 – 594.

[50] Jackson C. K. , Johnson R. C. , Persico C. , The Effects of School Spending on Educational and Economic Outcomes: Evidence from School Finance Reforms. *Quarterly Journal of Economics*, 2016, 131 (1): 36.

[51] Jacob B. A. , Wilder T. , Educational Expectations and Attainment. National Bureau of Economic Research, 2010.

[52] Jelani J. , Tan A. K. G. , Determinants of Participation and Expenditure Patterns of Private Tuition Received by Primary School Students in Penang, Malaysia: an Exploratory Study. *Asia Pacific Journal of Education*, 2012, 32 (1): 35 – 51.

[53] Katrňák T. , Simonová N. , Fónadová L. , From Quantitative to Qualitative Differences: Testing Mmi and Emi in the Czech Secondary School System in the First Decade of the 21st Century. *Research in Social Stratification & Mobility*, 2016, 46: 157 – 171.

[54] Kim S. , Lee J. H. , Private Tutoring and Demand for Education in South Korea. *Economic Development and Cultural Change*, 2010, 58 (2): 259 – 296.

[55] Kramarczuk Voulgarides C. , Fergus E. , King Thorius K. A. , Pursuing Equity: Disproportionality in Special Education and the Reframing of Technical Solutions to Address Systemic Inequities. *Review of Research in Education*, 2017, 41 (1): 61 – 87.

[56] Kwak B. S. , Struggle Against Private Lessons in Korean Education Context. The 28th Annual Conference of the Pacific Circle Consortium, Hong Kong Institute of Education, 2004.

[57] Lee C. J. , Park H. J. , Lee H. , *Shadow Education Systems.*

Handbook of Education Policy Research Routledge, 2012.

[58] Lesage J. P. , Pace R. K. , *Spatial Econometric Models*. 2010.

[59] Lucas S. R. , Effectively MaIntained Inequality: Education Transitions, Track Mobility, and Social Background Effects1. *American Journal of Sociology*, 2001, 106 (6): 1642 – 1690.

[60] Munshi K. , Strength in Numbers: Networks As a Solution to Occupational Traps. *Review of Economic Studies*, 2011, 78 (3): 1069 – 1101.

[61] Preacher K. J. , Hayes A. F. , Spss and Sas Procedures for Estimating Indirect Effects in Simple Mediation Models. *Behavior Research Methods*, *Instruments*, *& Computers*, 2004, 36 (4): 717 – 731.

[62] Preacher K. J. , Rucker D. D. , Hayes A. F. , Addressing Moderated Mediation Hypotheses: Theory, Methods, and Prescriptions. *Multivariate Behav Res*, 2007, 42 (1): 185 – 227.

[63] Pyatt G. , on the Interpretation and Disaggregation of Gini Coefficients. *Economic Journal*, 1976, 86 (342): 243 – 255.

[64] Raftery A. E. , Hout M. , Maximally MaIntained Inequality: Expansion, Reform, and Opportunity in Irish Education, 1921 – 75. *Sociology of Education*, 1993, 66 (1): 41 – 62.

[65] Rao V. M. , Two Decompositions of Concentration Ratio. *Journal of the Royal Statistical Society*, 1969, 132 (3): 418 – 425.

[66] Russell N. U. , Lessons from Japanese Cram Schools. *The Challenge of Eastern-Asian Education*: Lessons for America, 1997.

[67] Ryu D. , Kang C. , Do Private Tutoring Expenditures Raise Academic Performance? Evidence from Middle School Students in S Outh K Orea. *Asian Economic Journal*, 2013, 27 (1): 59 – 83.

[68] Sab R. , Smith S. , Human Capital Convergence. *Human Capital Convergence*: *International Evidence*, 2001, 1 (32): 1 – 33.

[69] Schofer E. , Meyer J. W. , The Worldwide Expansion of Higher Ed-

ucation in the Twentieth Century. *American Sociological Review*, 2005, 70 (6): 898 – 920.

[70] Siegrist J. , Educational Expansion and Persistent Inequalities of Education: Utilizing Subjective Expected Utility theory to Explain increasing Participation Rates in Upper Secondary School in the Federal Republic of Germany. *European Sociological Review*, 2003, 19 (1): 1 – 24.

[71] Silova I. , Private Tutoring in Eastern Europe and Central Asia: Policy Choices and Implications. *Compare a Journal of Comparative & International Education*, 2010, 40 (3): 327 – 344.

[72] Skolnik M. L. , How Do Quality Assurance Systems Accommodate the Differences between Academic and Applied Higher Education? . *Higher Education*, 2016, 71 (3): 361 – 378.

[73] Smyth E. , Buying Your Way Into College? Private Tuition and the Transition to Higher Education in Ireland. *Oxford Review of Education*, 2009, 35 (1): 1 – 22.

[74] Sobel M. E. , Asymptotic Confidence Intervals for Indirect Effects in Structural Equation Models. *Sociological Methodology*, 1982, 13: 290 – 312.

[75] Solow R. M. , a Contribution to the theory of Economic Growth. *the Quarterly Journal of Economics*, 1956, 70 (1): 65 – 94.

[76] Sondermann D. , Productivity in the Euro Area: Any Evidence of Convergence? . *Empirical Economics*, 2014, 47 (3): 999 – 1027.

[77] Song K. O. , Park H. J. , Sang K A. , a Cross-National Analysis of the Student-and School-Level Factors Affecting the Demand for Private Tutoring. *Asia Pacific Education Review*, 2013, 14 (2): 125 – 139.

[78] Stamatakis D. , Petrakis P. E. , the Human Capital Convergence Fallacy: a Cross Country Empirical Investigation. *Educational Research and Reviews*, 2006, 1 (3): 98 – 107.

[79] Stevenson D. L. , Baker D. P. , Shadow Education and Allocation

in formal Schooling: Transition to University in Japan. *American Journal of Sociology*, 1992, 97 (6): 1639 – 1657.

[80] Suryadarma D. , Suryahadi A. , Sumarto S. , et al. , Improving Student Performance in Public Primary Schools in Developing Countries: Evidence from Indonesia. *Education Economics*, 2006, 14 (4): 401 – 429.

[81] Swan T. W. , Economic Growth and Capital Accumulation. *Economic Record*, 1956 (2): 334 – 361.

[82] Sylwester K. , Income Inequality, Education Expenditures, and Growth. *Journal of Development Economics*, 2000, 63 (2): 379 – 398.

[83] Tan J. , Private Tutoring in Singapore: Bursting Out of the Shadows. *Journal of Youth Studies*, 2009, 12 (1): 93 – 103.

[84] Thomas V. , Wang Y. , Fan X. , a New Dataset on Inequality in Education: Gini and theil Indices of Schooling for 140 Countries, 1960 – 2000. *World Bank*, 2002.

[85] Thomas V. , Wang Y. , Fan X. , Measuring Education Inequality: Gini Coefficients of Education. Policy Research Working Paper. *Social Science Electronic Publishing*, 2001, 1 (100): 43 – 50.

[86] Trow M. , Problems in the Transition from Elite to Mass Higher Education. *Educational Problems*, 1974.

[87] Unterhalter E. , Measuring Education for the Millennium Development Goals: Reflections on Targets, Indicators, and a Post – 2015 Framework. *Journal of Human Development and Capabilities*, 2014, 15 (2): 176 – 187.

[88] Wong R. S. K. , Multidimensional influences of Family Environment in Education: the Case of Socialist Czechoslovakia. *Sociology of Education*, 1998, 71 (1): 1 – 22.

[89] Yamamoto Y. , BrInton M. C. , Cultural Capital in East Asian Educational Systems: the Case of Japan. *Sociology of Education*, 2010, 83 (1): 67 – 83.

［90］ Zhao X. , Lynch Jr J. G. , Chen Q. , Reconsidering Baron and Kenny: Myths and Truths about Mediation Analysis. *Journal of Consumer Research*, 2010, 37 (2): 197 –206.

［91］ Zhang J. , Zhao Y. , Park A. , et al. , Economic Returns to Schooling in Urban China, 1988 to 2001. *Journal of Comparative Economics*, 2005, 33 (4): 730 –752.

［92］ Zhang Y. , Does Private Tutoring Improve Students' National College Entrance Exam Performance? —a Case Study from Jinan, China. *Economics of Education Review*, 2013, 32: 1 –28.

［93］ Zhong H. , Does Education Expansion increase Intergenerational Mobility? . *Economica*, 2013, 80 (320): 760 –773.